उदासी मेरी मातृभाषा है

कविता–संग्रह

रज़ा फ़ाउण्डेशन | THE RAZA FOUNDATION

उदासी मेरी मातृभाषा है

लवली गोस्वामी

वाणी प्रकाशन

प्रकाश–वृत्ति
रज़ा फ़ाउण्डेशन और वाणी प्रकाशन का सह–प्रकाशन

वाणी प्रकाशन

4695, 21-ए, दरियागंज, नयी दिल्ली 110 002

फ़ोन : +91 11 23273167 फ़ैक्स : +91 11 23275710

शाखाएँ

अशोक राजपथ, पटना 800 004, बिहार

कॉफ़ी हाउस कैम्पस, महात्मा गांधी मार्ग, इलाहाबाद 211 001, उत्तर प्रदेश

महात्मा गांधी अन्तरराष्ट्रीय हिन्दी विश्वविद्यालय, वर्धा 442 001, महाराष्ट्र

सुल्तानिया रोड, मोतिया पार्क, भोपाल 462 001, मध्य प्रदेश

www.vaniprakashan.in
marketing@vaniprakashan.in
sales@vaniprakashan.in

UDAASI MERI MATRI BHASHA HAI

by Lovely Goswami

ISBN : 978-93-89563-12-2

Poems

प्रथम संस्करण 2019

मूल्य : ₹ 199

यश प्रिंटोग्राफ़िक्स, नोएडा-201 301 (उ.प्र.) में मुद्रित

वाणी प्रकाशन का लोगो मक़बूल फ़िदा हुसेन की कूची से

आमुख

प्रकाश अत्यन्त प्रतिभाशाली कवि और आलोचक थे जिनका दुर्भाग्य से 2016 में दुखद देहावसान हो गया। वे एक भाषा–सजग शिल्प–निपुण कवि और सजग–संवेदनशील आलोचक थे। रज़ा फ़ाउण्डेशन ने उनकी स्मृति में 'प्रकाश–वृत्ति' स्थापित करने का निश्चय किया जिसके अन्तर्गत सुपात्र और सम्भावनाशील युवा कवियों और कलाकारों की पहली पुस्तकें प्रकाशित करने की योजना है।

लवली गोस्वामी के यहाँ प्रेम में अप्रत्याशित का रमणीय देखा जा सकता है : 'तुम्हारे भीतर जितनी नमी है/उतने क़दम नापती हूँ पानी के ऊपर/जितना पत्थर है तुम्हारे अन्दर/उतना तराशती हूँ अपना मन' और फिर 'जब भी प्रेम दस्तक देता है द्वार पर/मैं चाहती हूँ कि मेरे कान बहरे हो जायें/कि सुन ही न सकूँ मैं इसके पक्ष में/दी जाने वाली कोई दलीलें।' या कि 'प्रेम के सबसे गाढ़े दौर में/जो लोग अलग हो जाते हैं अचानक/उनकी हँसी में उनकी आँखें कभी शामिल नहीं होतीं।' यह अभिप्राय भी अप्रत्याशित ही है : 'बहुत बदमाश पीपल का घना पेड़ हो तुम। छाँव में बैठी रागनियों को छेड़ने के लिए/पहले उन पर पत्ते गिराते हो.....।' रज़ा फ़ाउण्डेशन की प्रकाश–वृत्ति के अन्तर्गत लवली गोस्वामी की यह पहली कविता पुस्तक प्रस्तुत करते हुए हमें प्रसन्नता है।

–अशोक वाजपेयी

मृत्यु द्वारा आमन्त्रित अतिथि

पिछले कुछ बरसों में जिन कवियों ने हिन्दी के गम्भीर साहित्य–समाज का ध्यान अपनी ओर खींचा है, लवली गोस्वामी उनमें प्रमुख हैं। और ऐसा करने के लिए उन्हें बहुत ज़्यादा लिखने की ज़रूरत नहीं पड़ी। प्रेम उनकी कविताओं का मुख्य स्वर है, लेकिन मृत्यु–बोध एक अन्तर्धारा की तरह उनमें लगातार बहता है। इन कविताओं से गुज़रने के बाद अचरज नहीं होता कि वह क्यों उदासी को अपनी मातृभाषा कहती हैं।

दुनिया में जितनी क्रूरता है, उस हिसाब से कविता अभी कम है, और प्रेम भी, लेकिन इसके बावजूद मौजूदा दौर में (और शायद हर दौर में) प्रेम पर लिखना सबसे मुश्किल काम है, क्योंकि प्रेम और कविता अपेक्षाकृत अपर्याप्त होकर भी इफ़रात में हैं। जैसे कि, प्रेम अभिव्यक्तियों का यज्ञ है और तमाम कला–माध्यम अपनी–अपनी ओर से उसमें समिधा डाल रहे, ख़ासकर सिनेमा और लोकप्रिय चलताऊ शायरी। ऐसे में गम्भीर, साहित्यिक कविता के भीतर प्रेम की अनुभूतियों को इस तरह ले आना कि कलात्मक लगे, नये की कोशिश से भरा लगे, चलताऊ न लगे, जितना तरल हो, उतना ही दर्शन की आकांक्षा से भरा हुआ भी बेहद कठिन होता जा रहा है। अँग्रेज़ी के एक प्रचलित मुहावरे में कहें, तो 'अपहिल टास्क'। एक कवि को कठिन का काठ हाथों में थाम पहाड़ की इस खड़ी चढ़ाई को पार करना होता है। यह जितनी चुनौती है, उतनी ही सम्भावना भी। लवली गोस्वामी अपनी कविताओं में दोनों को प्राप्त करती हैं।

स्वप्न व स्मृति से निर्मित उनके इस कविता–संसार में जीवन की कोमल अनुभूतियाँ सहज आती हैं, प्रेम की जटाओं से दर्शन की जटिलता अपना रास्ता बनाते हुए एक सरस धार में रूपान्तरित हो जाती है।

इसके लिए वह सूफ़ीवादी लोकप्रियताओं को नहीं अपनातीं, बल्कि प्रेम के अनन्त, जीवन के अबूझ और देह के अलंघ्य को अर्घ्य में भरती हैं। इसीलिए, ये एक साहसी कवि की कविताएँ हैं। बिना साहस, इन इलाक़ों में जाना मुश्किल है, क्योंकि ये तीनों चीज़ें कवियों का शिकार कर लेने के लिए कुख्यात हैं। हृदय की पुरातात्त्विक समझ, शिल्पगत अध्यवसाय और विकसित काव्य–विवेक इस किताब में उन्हें कामयाब बनाता है।

यदि मृत्यु एक विशाल ब्रह्माण्ड है, तो जीवन उसमें तारों की तरह टिमटिमा रहा है। इसीलिए अन्धकार व प्रकाश सहोदर हैं, दर्पण व प्रतिबिम्ब जैसा गहरा रिश्ता रखते हुए। मृत्यु का स्मरण दरअसल जीवन का उत्सव है। एक पर कही गयी बात, धीरे–धीरे, अपने–आप, दूसरे पर भी लागू होती जाती है। मृत्यु पर निशाना लगाने के बाद भी कलाएँ जीवन को पकड़ती हैं, क्योंकि मृत्यु को कोई नहीं पकड़ सकता, जीवन की सबसे बड़ी शक्ति प्रेम भी उसे नहीं पकड़ पाता। महाकवि मीर का एक शेर याद आता है :

> जिस सैदगाह–ए–इश्क़ में यारों का जी गया
> मर्ग, उस शिकारगाह का, शिकार–ए–रमीदा था

उनकी कल्पना देखिए : प्यार का एक जंगल है, जहाँ प्यार हर आगन्तुक का शिकार कर लेता है। वहाँ सब जान से जाते हैं। उसी जंगल में मृत्यु भी विचरती थी, प्यार ने उसका भी शिकार करना चाहा था, लेकिन वह हाथ नहीं आयी। मृत्यु, दरअसल, प्यार के जंगल से बचकर भाग निकला शिकार (शिकार–ए–रमीदा) है।

यह भागा हुआ शिकार सभी को आकर्षित करता है। इसे हर कवि, हर कलाकार पकड़ लेना चाहता है, लेकिन कोई सफल नहीं हो पाता। आसमान छूने की चाह में हमने उछलना व उड़ना सीखा, उसी तरह मृत्यु तक पहुँचने की यात्रा को जीवन की तरह देखा। इसीलिए कविता, मंज़िल को पकड़ लेने के क्रम में यात्रा का वृत्तान्त रचती है, रास्तों की सूक्ष्मताओं–सुन्दरताओं का बखान करती है। एक विशिष्ट मृत्यु–बोध, अन्ततः, जीवन का अविकल उच्चारण है।

लवली गोस्वामी की कविताओं में जीवन, इसी ध्वनि की तरह प्रस्तुत होता है। कुछेक बार धरातल पर, बहुधा धरातल के नीचे, तिब्बती बौद्धों के नासिक उच्चारणों की तरह गूँजता हुआ। अपनी एक कविता में वह कहती भी हैं :

मैं प्रेम की राह पर संन्यासियों की तरह चलती हूँ
जीवन की राह पर मृत्यु द्वारा आमन्त्रित अतिथि की तरह।

लवली गोस्वामी अनुभूतियों की गहरी पड़ताल करती हैं, उनकी परीक्षा लेती हैं और इस प्रयास में वह अचरज के सीमा–संसार में प्रवेश करती हैं। इन्द्रियाँ उनकी काव्य–आकांक्षाओं के अश्वों की तरह हैं। वह सुगन्ध की त्वचा रचती हैं। ध्वनि का चित्र बनाती हैं। उनकी कविताएँ चित्रों की ध्वनियाँ और स्पर्श की सुगन्ध हैं। इसीलिए उनमें अनुभूतियाँ इतनी गझिन है। प्रेम हो या उदासी, जीवन हो या मृत्यु, उनके यहाँ कुछ भी एकल गायन नहीं, सब कुछ एक कोरस है, होना अपने आप में एक कोरस है, रस–गन्ध–स्वाद–और–आँच का कोरस। लवली गोस्वामी की कविताएँ शब्दों से अधिक स्पर्श की भाषा में रची गयी हैं। सहजता की उपासना के लिए वह ऐन्द्रिक विलोम की आराधना करती हैं। इन कविताओं की हरी चादर के नीचे भुरभुरी मिट्टी का सहयोग नहीं, बल्कि पथरीली भूमि द्वारा प्रस्तुत चुनौतियाँ हैं। लवली गोस्वामी की कविताओं की विशिष्टता यह भी है कि इन चुनौतियों को झेलने के बाद भी वे रुक्ष नहीं, मृदु हैं। निर्णयवादी नहीं, चिन्तनशील हैं। कई जगहों पर समूह से सम्बोधित होने के बाद भी ये एकान्त के उल्लंघन की नहीं, एकान्त की रक्षा की कविताएँ हैं। प्रेम व कविता सबसे सुगन्धित उन जगहों पर होते हैं जहाँ वे मनुष्य के एकान्त की रक्षा करते हैं। आधुनिक संसार में आदिम अनुभूतियों की स्मृति की रक्षा का दायित्व–बोध इन कविताओं में विन्यस्त है। यह कहें कि ये कविताएँ स्वयं एक दायित्व हैं, कवि के लिए भी दायित्व, तो अवान्तर न होगा। किसी कवि की पहली किताब इतनी सान्द्र हो, तो उससे उम्मीदें होना स्वाभाविक है। ये कविताएँ अपने पाठक से वादा करती हैं कि हिन्दी कविता का संसार आने वाले वर्षों में लवली गोस्वामी को स्नेह, अपनापे, उम्मीद व गौरव से देखेगा।

–गीत चतुर्वेदी

अनुक्रम

कविता में अर्थ

एक दिन मुझे एक अदम्य जिज्ञासु
तार्किक आदमी मिला,

वह हर बीज को फोड़ कर देख रहा था
कि उसके अन्दर क्या है

मैं उसे अन्त तक समझा नहीं पायी
कि बीज के अन्दर पेड़ होते हैं।

तक़दीर जिसे कहिए

रेल का काम चलना है
यह तो रेल को पता है लेकिन,
पटरियाँ हैं कि रेल से पूछे बग़ैर
रेल का रास्ता बदल देती हैं।

एक प्रेम कविता का सच

दुखों के कितने ही घाव जब एक साथ टीसते हैं
तब आँखों से अँजुरी भर खारा पानी बहता है

ढाई गज रेशम की चूनर कई इल्लियों की
जीवन भर की मेहनत का नतीजा है

फूलों की एक बड़ी माला में
पूरे बग़ीचे का वसन्त क़ैद होता है

इसीलिए किसी कवि से कभी यह मत पूछना
कि वह फिर से प्रेम कविता कब लिखेगा

प्रेम की एक कविता ताल्लुक़ के
कई सालों का दस्तावेज़ है।

एक बेहद मामूली प्रेमकथा

मेरा मन बर्फ़ीली घाटी का वह रास्ता था
जिससे वे भिक्षु गुज़रे
जिन्हें लौटना नहीं सिखाया गया था
या वे व्यापारी बनजारे जिनका मक़सद
बाज़ार तक जाने वाले नये रास्ते तलाशना था

बनजारों ने मुझे बेकार बीहड़ कहा
वे बसावटों में दुकानदारी जमाने के लिए कटने–मरने लगे
दुनियादार ज्ञानियों ने मुझे नज़र बाँधने वाली माया कहा
वे भीड़ जमाकर पत्थर पूजने लगे
तुम्हें देखकर मैंने जाना बीहड़ में
सिर्फ़ वे बसते हैं जो बहिष्कृत होते हैं

जीवन ने मुझे सिखाया
अगर मन नीरव बर्फ़ीले पहाड़ों–सा हो
तो बसावटों का मोह नहीं करना चाहिए

वे लोग ग़लत–ग़लत होते हैं जो मानते हैं
कि यात्रा की स्मृतियाँ
केवल यात्रियों के पास होती हैं।

आदतें–जैसी मैंने देखीं

पत्ती काँप कर एक साँस खींचती है
फिर गिर जाती है
हरापन एक आदत है, बदरंग होकर गिर जाना एक फ़ैसला।

कुछ इच्छाओं को हमने कभी नहीं पहना
वे वार्डरोब में पड़ी–पड़ी बदरंग हो गयीं

जिन इच्छाओं को हम जीभर पहनकर घूमे
वे अब कई जगह से फट गयी हैं।

एक पत्थर इसलिए ख़फ़ा है कि
नदियों ने उससे किनारा कर लिया

एक दीवार दीमकों से डरकर
असमय ख़ुद को ढहा लेना चाहती है।

काया के तल में गहरे बैठता जाता है दुख
इसलिए उम्र बढ़ने के साथ आदमी धीमा हो जाता है

चलते समय उसके पाँव जमीं पर नहीं पड़ते
ख़ुशियाँ आदमी को हलका कर देती हैं।

हम ऐसी जलधार हैं, जिन्हें हिचकियाँ आती हैं
लेकिन हम अपने मुहानों तक कभी लौट नहीं पाते

एक दिन मैं पत्तों को झिंझोड़कर जगाऊँगी
उनसे पूछूँगी–क्या तुम परिन्दों को देखकर बहक गये थे
जब उड़ने के लिए तुमने टहनी से छलाँग लगा दी?

नींद के बारे में

वह मुझसे पहले सोने जाता और मुझसे पहले जागता था
मैं अक्सर लिखते–लिखते सर उठाकर कहती–तुम सो जाओ
मैं बाद में आकर तुम्हारे पास सो जाऊँगी

मैं उसके साथ सोती थी
जैसे दरारों में देह को दरार का ही आकार दिये जोंक सोती है
संकीर्ण दुछत्तियों में थककर चंचल बिल्लियाँ सोती हैं
धरती की देह पर शिराओं–सा आकार लिए नदियाँ सोती हैं
नाल काटे जाने के ठीक बाद नाक से साँस लेने का अभ्यास करता
शिशु सोता है
जैसे धरती–आकाश के बीच लटके मायालोक में त्रिशंकु सोता होगा।

सोने की क्रिया
हमेशा मेरे लिए एक प्रकार की निरीहता रही
पराजय रही
जागना एक सक्रियता
एक आरोहण।

वह ताउम्र मुझसे कहता रहा–
''कभी सोया भी करो, बुरी बात नहीं है''
मैं इस अच्छी बात को रोज़ उसके चेहरे पर होता देखने के लिए
जागती रही

वैसे तो सोया हुआ आप रात को तालाब के जल को भी कह सकते हैं
उसके भीतर आसमान गतिमान रहता है
सब तारे उस पर झुक–झुककर अपना चेहरा देखते हैं
मैं भी उसे सोते हुए मुस्कुराते देखकर
उसकी आत्मा में अपनी उपस्थिति देखती थी

मेरे अन्तस् में वह ऊर्जा के केन्द्र के जैसा ही था
पृथ्वी के कोर में पिघले खनिज की तरह
महावराह की तरह जब वह जल के सीमाहीन विस्तार पर
मुझे हर जगह तलाश रहा था
मैं उसके अन्तस् में जलप्लावित पृथ्वी–सी समाधिस्थ थी
आप कह सकते हैं वह दिपदिपाता गतिमान मेरे अन्दर सो रहा था
मैं अनवरत घूमती दिन–रात चक्कर काटती उसके अन्दर जाग रही थी

अगर देह ब्रह्माण्ड है तो प्रत्येक नींद प्रलय है
जो स्वप्न अगली सुबह स्मृति में शेष रह जाते हैं
वे नूह की नौका में बचे जीवित पशु–पक्षी हैं
यही स्मृतियाँ हमें आने वाले कल्प से दिन में
जीने के लिए माकूल कोलाहल बख़्शती हैं

पलकें नियामत हैं
(आप पर्दे भी पढ़ें तो चलेगा)
वरना ज़रा सोचिए कैसा लगता होगा
जब नींद में मगरमच्छ को आते देखकर भी मछलियों की नींद नहीं टूटती होगी
वह अन्तिम भयानक सपना तो याद होगा आपको
जिसने आपको न जाग पाने की विवशता का परिचय दिया होगा
आपके मन के सबसे अँधेरे कोने में छिपे उस डर का सपना

जो नुकीले दाँतों से आपको कुतर देता है पर आपकी नींद नहीं खुलती
नींद आश्वस्ति है
जागना अविश्वास है
तो बताइए आप मछलियों को क्या देना चाहेंगे
आश्वस्ति या अविश्वास?

मछलियाँ खुली आँखों से सच्ची निरीह नींद सोती हैं
बगुले सोने का अभिनय करके झपट कर शिकार पकड़ते हैं
दुनिया के तमाम घोड़े खड़े–खड़े सोते हैं
जबकि उल्लू दिन की रौशनी को अनदेखा करके सोते हैं
सोना क़तई सामान्य प्रक्रिया भर नहीं है
एक चुनी हुई आदत है
उससे भी बढ़कर एक साधा हुआ अभ्यास है।

पक्ष

मेरे आसपास परछाइयों की एक फ़ौज चलती है
जिससे उजाले में रहने वाले भाग्यशाली लोग असहज होते हैं
जिन्हें ख़ुश रहने से अलग कुछ पसन्द नहीं
वे मुझसे पूरी शिद्दत से नफ़रत करते हैं

मैं सुखान्त कहानियों के उत्सवों में
शोक की अन्तिम गाथाओं के अधूरे प्लॉट लिए घूमती हूँ
लोगों की चमकीली नज़रें मुझ पर पड़ते ही
छायाओं के वश में आकर चितकबरी हो जाती हैं

मैं दूध में गिरा नमक हूँ
सुवासित भात खाते वक़्त दाँतों बीच आया कंकर हूँ

सबसे कमज़ोर कराह को सुनने के लिए मैंने
बीच महफ़िल पुरज़ोर झनकती वीणा के तार पकड़े
मैं सुरों की अपराधी मानी गयी

मैंने पाप के रंग को चुटकियों में मसलकर देखा
बहुमूल्य पुण्य की गठरियाँ
डगमगाती नौका बचाने के लिए पानी में बहा दीं

साथी कवियों की तरह
मैंने कभी कविता के भविष्य की चिन्ता नहीं की

मुझे पता है जब तक दुख और आशाएँ रहेंगी,
कविता भी रहेगी

रहेगी कविता, दुखों की जर्जर कथरी में
आशा के वफ़ादार पैबन्द की तरह
तकलीफ़ों की भीषण झाँझ बरसात में
कमज़ोर लेकिन सर उठाकर खड़ी झोपड़ी की तरह

दुनिया में कविता तब तक रहेगी
जब तक दुनिया में दुख रहेंगे।

कायरता का गीत

यों तो सब जीतना ही सीखते हैं
लेकिन तुम हारना भी सीखना
जब कोई कहे रुकना या जाना तुम्हारा फ़ैसला है
तब तुम ख़ुद से हार कर रुक जाना

याद रखना कोई प्रतीक्षा करे
तो लौट कर ना आने के लिए तुम स्वतन्त्र नहीं
तुम्हारी आवक पर किसी की राह देखती
नज़र की रौनक उधार है

कोई भोजन बताये तो भूखे रह जाने के लिए
तुम स्वतन्त्र नहीं तुम्हारी ज़िद से दबा दी गयी भूख पर
किसी के हाथों में बसने वाले स्वाद की तृप्ति उधार है

कोई फटे चिथड़े देखकर तुम्हारे लिए गर्म पंखों का लबादा बुने
तो ठण्ड में मर जाने के लिए तुम स्वतन्त्र नहीं
तुम्हारी ठण्डी होती देह पर किसी के स्पर्श का ताप उधार है

रोकना अपने उस अहं को जो हार जाने के आड़े आता है
सीखना कैसे अँगुलिमाल की आँखों की लाल आग हार जाती है
तथागत की निर्दोष आँखों की पनीली करुणा से दुख
समझो कि इसमें सिर्फ़ बुद्ध की तो करामात नहीं थी

तुम ऐसे हारना कि मन लबालब भरा लगे
उस घड़े की तरह जो पानी की मुसलसल धार से
हार कर अन्ततः भर जाता है
फिर किसी प्यासे के तृप्त हो जाने तक
इन्तज़ार करता है फिर से हराये जाने के लिए

जब तुम ख़त्म होना तो उस सुन्दर कविता की तरह
जो हर बार अलग कविता का बीज बनकर फूटती है
सुदूर देश के किसी अनजान पढ़ने वाले के मन में
नये रूप में फिर से अपने लिखे जाने के लिए

ऐसे बिखरना जैसे खेत बोने के लिए किसान
मुट्ठी भरकर बीज बिखेरता है
लहलहाती फ़सल की कल्पना में वह ख़ुद हरा हो जाता है
तुम फ़सल की आशा में उसका हरा होता चेहरा देखना
इस तरह बिखेरे जाने के लिए तैयार होना

जब सनकी रणबाँकुरों के ज़ालिम हाथ
दुनिया की रुपहली सीवन उधेड़ेंगे
हराये जाने के अफ़सोस को एक तरफ़ करके तुम
प्रेम की छोटी–सी सूई से दुनिया के टुकड़े रफ़ू करना

जब कोई भूख से सूखकर मुरझाये शरीर में भोजन की तरह रिसे
सफ़ेद हथेलियों में ख़ून की गुलाबी आभा की जगह भर जाये
तब आत्मा के सोख्ते से प्रेम सोखने के लिए
उसकी बग़ल में निश्चेष्ट करवट सोना।

मील का पत्थर है रात

झींगुरों की लय पर जुगनू
तारों की तरह टिमटिमाते हैं

मन मरे परिन्दे की मानिन्द
टहनियों के कुचक्र में फँसा है

बेहद कोमल क्षणों की आवाज़ें धरोहर होती हैं
ध्वनियाँ स्वाद पैदा करती हैं कई बार।

भुलाई गयी सब कहानियाँ एक रात
झुण्ड बनाकर ओस से केश धोने निकलती हैं

छूना भी कभी–कभी सहा नहीं जाता
नवजात शिशु के केशों–सा कोमल है प्रेम

देह की अलगनी से गीले कपड़े की तरह
अस्थि–आँतें फिसल कर गिर गयीं

इन्द्रधनुष के लच्छे भरे हैं अँतड़ियों की जगह
अस्थियों की जगह गीतों की सुनहरी पंक्तियाँ रखी हैं।

कलियाँ पौधों की बन्द मुट्ठियाँ हैं
रौशनी नहीं मानती, वह रोज़ आती है

एक दिन कलियाँ बन्द मुट्ठी खोलकर
रौशनी से हाथ मिलाती हैं।

सुन लिया जाना
आवाज़ों की मृत्यु नहीं है

रात मील का पत्थर है
जिस पर बैठा मन दुहरा रहा है तुम्हारा नाम
भूले हुए अधूरे जादू की तरह

चकाचौंध से डरी मैं तुम्हें हर जगह ढूँढ़ रही हूँ
मन जानता है सिर्फ़ हिलोरें लेता पानी ही पैदा कर सकता है
चमचमाती रौशनी में सिलवटें।

रस, गन्ध, स्वाद और आँच का कोरस है प्रेम

उम्र के तन्दूर में सधे हाथों से
मेरा कच्चा प्रेम सेंकते हो तुम

भोजन की इच्छा में तुम्हारे पास बैठी मैं
तुम्हें अपलक निहारती हूँ

तमाम रात तुम लौ बीनते हो
तुम्हारी ओट पाकर कभी कोई छाया नहीं बनती

रस, गन्ध, स्वाद और आँच का कोरस है प्रेम
यह तुमसे मिलने से पहले मैंने नहीं जाना था

चाँद एक गहरे चषक में
तुम्हारे बाजू पड़ा सफ़ेद खुम्बियों का शोरबा है

यह प्रेम है, जो कभी मुझे अतृप्त सोने नहीं देता
यह प्रेम है कि धीमी आँच का सोंधापन मुझसे छिनता नहीं है

कैरी और फल का भेद जानना
तुम्हारी रसोई की रहस्यमयी कला है

चटकारों से लेकर तृप्तियों तक मेरा हर स्वाद
तुम्हारी ही उँगलियों में पला है।

डर

मुझे ऊँचाई से कभी डर नहीं लगा तब के अलावा
जब मैंने रोप–वे में डिब्बेनुमा कोठरी के काँच से
खाई के तल की गहराई देखी

उसके जाने के बाद
मैं सालों तक उसकी चिट्ठियाँ खोल कर पढ़ने से डरती रही
फिर एक दिन मैंने ख़तों में लिखे शब्द खुरचकर निकाले
उन्हें भिगोया और एक गमले में बो दिया

उनमें अंकुर फूटे
वैजयन्ती मोती जैसे चमकीले बूटे फले
मैं यह रहस्य समझी
कि शिव के आँसू पेड़ पर कैसे लगते हैं

पनीली चमक लिए
इन मोतियों को कविता में पिरोते
दुख की अतल खाई को मैंने आकाश में बदलते देखा

वे चिट्ठियाँ सफ़ेद पंखों की शक्ल में
मेरे कन्धों पर उग आयीं
फिर कभी मुझे रोप–वे से नीचे
खाई का तल देखने पर भय नहीं महसूस हुआ।

प्रेम गीत

अकेली कुर्सी में तुम्हारी जाँघों पर
कोमलता से थमी रहती हूँ मैं
जैसे मकड़ी के जाले पर ओस की बूँदें थमी रहती हैं

उज़बक नामों की पंखुड़ियाँ हैं
जो अंजुली भर–भर कर तुम मुझ पर
लाड़ में न्योछावर करते हो

जिस भाषा में तुम मेरे लिए गीत लिखते हो
उसका लहजा आँसू धुले गालों जितना कोमल है

तुम्हारी बाँहों की सिरहनी तक मैं
नर्म नींद की तलाश में पहुँचती हूँ
उनींदी बरौनियाँ तुम्हारे दिल पर दस्तक देती हैं

तुम्हारे हृदय की साँकल बजाकर मैं
मीलों तक चले घायल सैनिक की तरह
वहीं ढेर हो जाती हूँ

तुम्हारे सवालों के जवाब
मेरे थके होंठों तक कभी नही पहुँच पाते
जो हिदायतें तुम देते हो उन्हें मैं
मीठे सपनों के अधबुने दृश्यों में दुहराती हूँ

नींद में अक्सर तुम्हारे सीने में छुपा रहता है मेरा चेहरा
जब मैं जागूँगी खाट की रस्सी से नंगी पीठ पर बने निशानों की तरह
मेरे चेहरे पर तुम्हारे दिल में छिपे सब दुख छपे मिलेंगे

हज़ारों साल बाद एक दिन पुरातत्त्ववेत्ता
तुम्हारी पसलियाँ खुदाई से निकालेंगे
वहाँ चारों तरफ़ मेरी उँगलियों से बुना संगीत गूँजेगा

मेरी नींद का भरोसा हो तुम
मैं तुम्हारी रगों में बहते ख़ून की सुगबुगाहट हूँ
यह वाक्य लिखते हुए मैं यह जानती हूँ
घोंसले भी चिड़ियों के लौट आने की प्रतीक्षा करते हैं

तुम चाँदनी में स्थिर सोया तालाब हो
तुम्हारी देह मेरी अनियन्त्रित साँसों की कारीगरी से बने
सिहरनों के वलय–वस्त्र धारण करती है

अनखुली कलियों की नाजुक चुभन का शोर है तुम्हारी उँगलियाँ
जिनकी नोक से मेरी त्वचा पर
तुम सुगन्धों के झालरदार गोदने उकेरते हो

पाँत में सटकर खड़े असंख्य बारहसिंगे
तुम्हारी पलकों के कोरों पर झुककर अपनी प्यास बुझाते हैं

अँधेरे झुरमुट की तरफ़ भागते शंकालु खरगोश की तरह
रौशनी तुम्हारी काली आँखों तक भागकर जाती है
वह जानती है कि तुम घर हो उसका
तुम्हारे भीतर समोकर वह ख़ुद को बचा लेगी
बिलकुल मेरी ही तरह

नसों में चाबुक की तेज़ी से लपकता है रक्त
कामना के मारीच देह पर
मुक्ति की आस लिए चौकड़ी भरते हैं
मेरी हथेलियों पर उगे ग्रहों का जाल
तुम्हारी देह की नखरीले काँपों का भविष्य रचता है

मुझे पत्थर होने की शिक्षा मिली थी
तुम्हें प्यार करने के लिए मुझे हवा होना पड़ा
मैंने जाना जुड़े रहना सही तरीक़ा है
लेकिन समस्या से नहीं समाधान से

तुम्हे बता सकूँ कि कितनी निर्दोष हैं तुम्हारी आँखें
इसलिए मैंने उन छतों को देखा जिनमें गुम्बद नहीं थे

तुम्हारे होने का मतलब मुँडेर पर टिकी
भूरी गौरेया का जोड़ा है
जो फुरसत में एक–दूसरे का सिर खुजाते हैं

मेरे पास बैठ जाओ और मुस्कुराओ
यक़ीन मानो सिर्फ़ ऐसे ही मैं
दुनिया की सबसे सुन्दर कविता लिख सकती हूँ

मुस्कुराओ कि अब भी बाक़ी हैं सर्दियों की कई रातें
जो क़तई मेरा नुक़सान करने की कुव्वत रखती हैं।

उसका मन

उसकी मुस्कुराहट परतदार समुद्री लहरों जैसी थी
होंठों के कोर छूकर बार–बार लौटती
आवाजाही का वह खेल खेलती
जो बिल्लियाँ अपने मालिकों से खेलती हैं

वह भरपूर पुलक से मुस्कुराता था
उसकी नाक के दोनों तरफ़ गालों की पेशियाँ ऐसे उमगती थीं
जैसे उड़ने से ठीक पहले पक्षी डैने फुलकाते हैं

हरे बाँस की बाँसुरी से नवयौवना दुर्गा
आश्विन की हवा के सुर फूँकती थी
जब सफ़ेद फूली कांसी के कुंज उसकी हँसी में लहलहाते थे

मैं ज़रा–सी फूँक मारकर अगर उड़ा देती
उसके चेहरे से अवसाद की स्याह राख
तो नारंगी लपटों का सधा हुआ नृत्य थी उसकी हँसी

उसका मन हरा था, मन के घाव भी हरे थे
एक हरापन उसकी देह में भी था, वह सिहरता था
देह में सरसों की पीली बाड़ी फूटती थी

उसका मेरे साथ होना दरवाज़े के दो पल्लों का साथ होना था
एक–दूसरे की उँगलियों में फँसी उँगलियाँ हलके से छोड़कर

हम अपने बीच से लोगों को आवाजाही करने देते थे

उसका मेरे साथ होना द्वार के दोनों ओर लगे
सजावटी अशोक के हमउम्र पेड़ों का साथ होना था
जिन पर झाँझ, बरसात, वसन्त सब एक जैसे असर करते थे

उसका मेरा साथ होना मोम और उसकी बाती का साथ होना था
मेरी काँपती साँसों की लौ उसके साथ ही लगातार मिटती जाती थी

उसने ऐसे समेटा था अपने मन में मेरा प्रेम
जैसे वृन्त से गिर जाने से पहले अन्तिम दफ़ा जवा कुसुम
अपनी पंखुड़ियाँ समेटता है।

अर्थ

जिन शब्दों को हम बिना अर्थों की गहराई में गये
यों ही उच्चारते रहते हैं रोज़–ब–रोज़
उनके बाबत व्युत्पत्ति शास्त्र इतना चौंकाता है
कि शब्दकोश बुरे लगने लगते हैं
तब उस पर डण्डे बरसाने का मन होता है,
एकदम उन बालकों की तरह जो अपने भोलेपन में हमारे उलझाव को
इतना टटोलते हैं कि वह अज्ञान निकल आता है

प्रेम में उपसंहार लिखने की इच्छा करना
पानी की सतह पर तैरते सूखे पत्तों पर पैर रखकर
जलाशय पार करने की इच्छा करने जैसा है

ज़रा धीमी आवाज़ में जब तुम बोलते हो
बातों के अर्थ काँपते क़दमों से कानों से भीतर
मन की गीली माटी पर अपने पैरों के निशान छोड़ते हैं

शाम होते ही जब लाल सूरज पानी में वहाँ ओट ले लेता है
जहाँ समुद्र धरती के कन्धों के साथ आँचल–सा लिपटा दूसरी दिशा में मुड़ता है
रात का अन्धकार जब आँखों के सब रंगीन हुनर ढँक लेता है
मैं ज़रा झुककर गीलेपन के शिल्प में रचे अर्थों की आकृतियाँ टटोलती हूँ
वे तुम्हारा अनकहा सब चुपचाप सुना जाती हैं

प्रार्थना के मन्त्र खुदे तिब्बती धातुचक्रों को छूकर
मैंने जाना स्पर्शों में आवाज़ें गुँथी होती हैं
तुम्हारी अनुपस्थिति में मैं तुम्हारे स्पर्शों का
स्याही रचा कागज़ी अनुवाद पढ़ती हूँ
मन ही मन पढ़ने से उसकी आवाज़ सुनायी देती है
जिसने वे शब्द लिखे हों

बहुत अनमने होते हैं तुम्हारे शब्द
परिन्दों के डैनों के अन्दरूनी रुई से हलके पंखों की तरह
मेरी लहकती हँसी के ज़ोर से दूर उड़ जाते हैं
फिर हँसी रुकते ही धीरे–धीरे मेरी तरफ़ सरकते हैं
उनसे कहना मेरी हँसी आग नहीं है।

प्रेम के शिल्प में नहीं

उस रोज़ 'मेरे पिया गये रंगून' सुनाते तुम हँस पड़े थे
मुझे लगा धूल के उथले कुएँ में लोटपोट होती
ख़ुद के पंखों से झगड़ती गौरैया यकायक
पंख झाड़कर कई सारी कविताएँ टपका गयी हो

पानी के फटे पाइप से नहाते बच्चों की
नटखट उँगलियों से पानी छनकर फूटता है
उनके पोर–पोर में रीझ भरती पानी की अठखेलियाँ देखकर मैंने जाना
कभी–कभी किसी की हँसी कानों से टकरा कर
देह में अन्दर पानी का सफ़ेद निर्झर बनकर फूटती है

शब्दों को तुम बच्चों की तरह दुलारते हो
तुमसे अलग होकर वे भी अक्सर अनमने हो जाते हैं
मन्द स्वर में तुम्हारे आलाप के अलंकार सुनती हुई मैं
अक्सर इस गणित में डूबती–उतरती रहती हूँ
कि पहले तुम्हारे वश में हुई या पहले तुमने मन्त्र पढ़े

मेरी ज़रा–सी शरारत पर तुम पहले मुझे आँखें दिखाते हो
फिर धीरे से मुस्कुराते हो, पक्के व्यापारी हो
हमेशा थोड़ा दुख तुम्हारे अन्दर रह जाता है
हमेशा थोड़ी ख़ुशी तुम अपने पास रख लेते हो

गर्वीला गवैया जैसे रियाज़ का हुनर उभारने के लिए

कोई शब्द अलापते उस पर ठहर जाता है
लेखक बारीक़ भाव उकेरने के लिए कोई दृश्य चुन लेता है
स्मृतियों में कहीं खो जाने के लिए तुम ठीक वैसे ही
बोलते–बोलते ठहर कर चुप हो जाते हो
तुम्हारी मन्द चलती साँसें पढ़ती मैं
तुम्हारे लौट आने की प्रतीक्षा करती हूँ

ठण्ड की एक शाम तुम्हारी गर्म
मोटी चादर में औचक हिस्सेदारी करती मैं
पहाड़ में बेपरवाह भटकते धुन्ध के झुण्ड से राहत पाती हूँ
तुम कई बार माँ बन चुकी अनुभवी बतख की तरह मुझे पंखों में समेटते हो
मैं आँखें मूँदते सोचती जाती हूँ कि इस तरह तुम्हारे पंखों से ढँकी
मैं एक अर्धसृजित अण्डा हूँ जिसे सेया जाना अभी बाक़ी है

हलके बादलों को बरसने से पहले हवा उड़ा ले जाती है
जिन परिन्दों के पंखों में घनापन कम होता है
वह कहाँ नाप पाते हैं आकाश की ऊपरी सतह की परतें
जब मैं यह कविता लिख रही हूँ तो एक इच्छा है मेरे अन्दर
एक क्षण के लिए हर प्रेमी घनेपन की उस ज़रूरत को महसूस करे
जो झबरे पंखों से अण्डे के तरल में उतर कर
उसे रक्त–मांस का रूप देती है

प्रेम में पैबस्त हो जाये मातृत्व की वह रीझ
जो शिशु परिन्दे को एक समय बाद
आकाश की परतें नापने के लिए आज़ाद छोड़ देती है।

एक प्रेम की औचक समाप्ति

जब पानी बरसा
यह अचानक था

फिर जाने कैसे
अचानक ही कुछ तय करके
उसने बरसना बन्द कर दिया।

अन्त में

मैं उसकी देह में हलके दन्तक्षतों से बोती रही अपना होना
उसकी सिहरनों में इच्छा बनकर उगती रही

उसकी देह को मैंने चुम्बनों के झरते निर्झर में गूँथ दिया
अपने न होने में उसके होंठों से हँसी बनकर झरती रही

यह सब इसलिए कि
एक दिन मुझे टूटकर अपने ही मन पर
क़ब्र के पत्थर–सा गड़ जाना था

नकार की ज़िदों से बनी सख़्त भीमकाय दीवारों पर
उगना था स्मृतियों के अवांछित पीपल–सा

पतझड़ में पीले पत्तों का धरम निबाहते
डाल से यों ही झड़ जाना था बेसाख़्ता।

अधूरी नींद का गीत

तुम मिलते हो, पूछते हो–'कैसी हो?'
मैं कहती हूँ–'अच्छी हूँ'
जवाब सिर्फ़ इतना है कि
जिन रास्तों को नहीं मिलता उन पर चलने वालों का साथ
उन्हें सूखे पत्ते भी जुर्रत करके दफ़ना देते हैं।

मैं तुम्हारे लौटने की जगह हूँ
कोई यह न सोचे की जगहें हमेशा
स्थिर और निष्क्रिय ही होती हैं

प्रेम को जितना समझ सकी मैं ये जाना
प्रेम में कोई भी क्षण विदा का क्षण हो सकता है
किसी भी पल डुबो सकती है धार
अपने ऊपर अठखेलियाँ करती नाव को
यह कहकर मैं नाविकों का मनोबल नहीं तोड़ना चाहती
लेकिन कई दफ़ा नावों को समुद्र लील जाते हैं

जिन्हें समुद्र न डुबोये उन नावों के तख़्ते अन्त में बस
चूल्हे की आग बारने के काम आते हैं
पानी की सहेली क्यों चाहेगी ऐसा जीवन
जिसके अन्त में आग मिले?

समुद्र का तल क्या नावों का निर्वाण नहीं है?

जैसे डूबना या टूटना सिर्फ़ नकारात्मक शब्द नहीं हैं।

प्रेम बिना कोई मरता नहीं है लेकिन
जीवित न होने का विलोम मर जाना नहीं है
विलोम शब्दों का चलन शब्दों की स्वतन्त्र परिभाषा के विरुद्ध
एक क़िस्म का षड्यन्त्र है।

गतिहीन जीवन की मतिहीन कविता

तुम्हारी पाषाण सतह पर जहाँ नमी रह जाती है
रौशनी की नज़र से ओझल थोड़ा अँधेरा बचा रहता है
हर उस जगह पिछली बारिश की स्मृति–सी
मखमली हरी काई बनकर उगती हूँ मैं
मेरा जन्म एक स्मृति का अभिशाप है
जिसमें पानी और अन्धकार बराबर मिले हुए हैं

कहते हैं अगर नमक बेकार में ज़ाया करो
तो मरने के बाद सज़ा के तौर पर उसे
पलकों और बरौनियों से बीनना पड़ता है

जीती जाती हूँ और सोचती जाती हूँ
आँखों और नमक का रिश्ता
मैंने न जाने कितने महासागरों का नमक ज़ाया किया था
कि बीनने के लिए मेरी देह में हर जगह आँखें उगीं?

मेरी बाँसुरी दरक गयी है लेकिन मन अबोध बालक की तरह
उसमें सुर फूँकने की कोशिश करता है
कई सुख होते हैं जो हँसाते–हँसाते रुला जाते हैं
कई दुख होते हैं जो जीवन भर की हँसी चुटकियों में मसल कर
हथेलियों में एक भुरभुरी मुस्कुराहट थमा जाते हैं

दुनिया जितनी दिखती है उससे अधिक अजीब है

मसलन, मौसमों को भी आता है रंगों में बात करना
गर्मियों की आग गुलमोहर और अमलतास बरसाते हैं
सर्दियों की ठिठुराती बर्फ़ बेला कुल के सफ़ेद फूल लेकर आते हैं

धूप अचार और पापड़ के स्वाद में बची रहती है
सर्दी की कँपकँपी ऊनी कपड़ों के गट्ठर में छिपी होती है
बारिश की स्मृति सिर्फ़ बाढ़ नहीं है, हरियाली भी है
बूदें बरस कर रीत जायें तब भी बची रह जाती हैं
झबरे जानवरों में, फ़र में
पक्षियों के पंखों की परत में
घने पेड़ों के हरे पत्तों की दराजों में
टपकती छतों में, टूटे छप्पर में

ताप की गठरी बना दोपहर का सूरज जब सर के ऊपर हो
तब ख़ुद अपनी परछाईं काया भेदकर
धरती में प्रवेश करने की कोशिश करती है
मैंने हर काया को कहा कि वह अपनी छाया से सावधान रहे

कुछ बेहद तार्किक लोग कवियों को पीट–पीट कर मारना चाहते थे
उनका आरोप था तारों के झुण्ड को कविता ने नक्षत्र बना दिया
और ठगों की ज्योतिषगिरी चल निकली
किसी को किसानों और राहगीरों को नक्षत्रों से होने वाली सहूलियत याद न आयी
कविता बेचारी इतनी अतार्किक चीज़ है
कि अपने बचाव में कोई तर्क न पेश कर पायी

चुप रहना मेरी मजबूरी थी, न मेरा फ़ैसला
मुझे कम शब्दों में बात कहने का हुनर न आया

शब्द जमा करते–करते जवाब देने का समय निकल गया

न मैं कम थी, न दुनिया
मुझे कभी मूर्ख समझे जाने का अफ़सोस न हुआ
दुनिया ने यह मानकर छुट्टी ली
ऑब्जेक्टिव सवालों के दौर में
यह, पैराग्राफ़्स में जवाब देने वाली मूर्ख है।

अवसाद

व्यस्तताओं के अन्तिम चिह्न निगलता
चला आता है विहँसती रात का मायावी एकाकीपन
थकी हुई आस का अजगर उत्साह के हिरण की
सब हड्डियाँ निगलकर निराशा के श्मशानों में बिखेर देता है

लाल ख़ून को लीलती धमनियों में
कलकल बहती है अवसाद की स्याह नदी
नीली होती देह पर स्मृतियों का विष चढ़ता है
पुतलियाँ अन्धकार पीने के लिए फैल जाती हैं

दुखों के चीन्हे–अनचीन्हे प्रेत रात्रि के तीसरे प्रहर
ताक़तवर होकर ग्रस लेते हैं
मन की अन्तिम परत तक का सुख

तीर–सी बींधती चन्द्रमा की किरणें
खिड़की से देह के रोओं की जड़ों में प्रवेश करती हैं
देह के रोम अपसगुनी ठूँठों के
चित्रलिखित जंगल की तरह जाग जाते हैं

लपलपाती तनाव की लहरें
आशा के सब पोत डुबो कर कुलाँचे भरती हैं
शैतान की नाभि जैसे गहरे पीड़ा के भँवर
आँखों की पुतलियों में निःशंक घूमते

सब सुन्दर दृश्य खा जाते हैं

टूटे नलके से मन के तल पर
बूँद–बूँद टपकती है नीरवता
बूँद का तल को स्पर्श हथौड़े–सा लगता है
देह अवसादी चट्टान–सी भरभरा कर ढह जाती है

धमनियाँ झुलसाती तेज़ाब का असर लिए
आँखों से देह के भीतर छाती तक बहती हैं
आत्मा में फफोले उगाती अन्तःसलिला लावे की नदी

किसी ने जैसे धरती के आदिम प्रेमी के सीने पर
खंजर घोंप दिया हो, बरसात में यों चुपचाप झरता है
अँधेरी सड़क पर आकाश का धवल रक्त

वीतरागी मन से विद्रोह करते
चिल्लाते आते हैं आदिवासी मोह
अनुभवों के राजकीय दुर्ग से टकराकर
लहूलुहान हो जाते हैं।

असंवाद की एक रात

तुम्हारे भीतर जितनी नमी है
उतने क़दम नापती हूँ पानी के ऊपर
जितना पत्थर है तुम्हारे अन्दर
उतना तराशती हूँ अपना मन

इच्छाओं की जो हरी पत्तियाँ असमय झरीं
वे गलीं मन के भीतर, अपनी ही जड़ों के पास
खाद पाकर अबकी जो इच्छाएँ फलीं
वे अधिक घनेरी थीं, इनकी बाढ़ (वृद्धि) भी
गुज़िश्ता इच्छाओं से अधिक चीमड़ थी

तुम्हारा आना सूरज का उगना नहीं रहा कभी
तुम हमेशा गहराती रातों में कंदील की धीमी लय बनकर आये
तुमसे बेहतर कोई नहीं जानता
कि मुझे चौंधियाती रौशनियाँ पसन्द नहीं हैं

मेरा अँधियारों में गुम हो जाना आसान था
तुम्हारी काया थी जो अन्धकार में
दीपक की लौ की तरह झिलमिलाती थी
तुम्हारी उपस्थिति में मुझे कोई भी पढ़ सकता था

असंवाद की एक रात, मैंने दो बातें जानीं :
हम उस चिट्ठी को बार–बार पढ़ते हैं

जिसमें वह नहीं लिखा होता
जो हम पढ़ना चाहते थे

क्षमाओं की प्रार्थना अपने सबसे सुन्दर रूप में कविता है
भले ही आप गुनाहों में शामिल न हों।

होने की बातें

तुम धरती पर पर्वत की तरह करवट लेटना
नदियाँ चाहना से भरी देह लिए तुम पर इठलाती बहेंगी

भव्यता और मामूलीपन की दाँतकाटी दोस्ती में बदल जाना
लोककथाएँ तुम पर अपनी गीली साड़ियाँ सुखायेंगी

रात के आकाश का नक्षत्री विस्तार हो जाओ
दिशाज्ञान के जिज्ञासु तुम्हारा सत्कार करें

तुम पानी की वह बूँद होना
जो तपस्यारत पार्वती की पलकों पर गिरी
जिसने माथे के दर्प से हृदय के प्रेम तक की यात्रा पूरी की
तुम चरम तपस्या में की गयी अदम्य कामना होना

लता का वह हिस्सा होना
जो एक तरफ़ मूर्च्छा से उठी वसन्तसेना थामती है
दूसरी तरफ़ भिक्षु संवाहक
तुम आसक्ति और संन्यास की सन्धि होना

तुम्हारी निश्छल आँखों में सन्ध्या तारा बनकर फूटें बेला की कलियाँ
नेह से भर आये स्वर में प्राप्तियों की मचलती मछलियाँ गोता लगायें

मन की ऊँची उड़ान से ऊब कर टूटा पंख बनना

कोई आदिवासिन नृत्यांगना तुम्हें जूड़े में खोसेगी
तुम उसकी क़दमताल पर थिरकना

जो तुम्हे माथे सजाये
उसकी चाल की लय पर डूबना–उबरना।

कुछ सचों के बारे में

जब सब तेज़–तर्रार चौकन्ने झूठ सोते हैं
शर्मीली सच्चाइयाँ कविता में अंकुरती जागती हैं

जब सदिच्छाएँ हारने लगती हैं
वे कला की शरण ले लेती हैं

तुम्हारी याद मुँह लटकाये
घर की सबसे छोटी चारदीवारी पर बैठी है
उसे अशरीरी उपस्थिति के लज़ीज़ दिलासे नहीं पसन्द

शाखाओं की जड़ें पेड़ के अन्दर फूटती हैं

मिठास रंग में डूबा हुआ ऊन का गोला है
जिसे बहते पानी के बीच रख दो
तो रंग तमाम उम्र एक गाढ़ी लकीर बन बहता रहता है

प्रेम के गहनतम क्षणों में तुम्हारी हथेलियों के बीच मेरा चेहरा
पहली किरण की गुनगुनाहट समोये
ओस के सितारे की तरह टिमटिमाता है

मेरे केश तुम्हारी उँगलियों से झरकर चादर पर
जड़ों की तरह फैलते हैं
देह तुम्हारी ओर शाखाओं की तरह उमड़ती है
सघन मेघों की तरह मुझ पर झुके तुम मेरे सपने सींचते हो

मेरा स्वप्नफल तुम्हारी नाभि पर आदम के सेब की तरह उभरा है
तुमने देखा? स्वयंभू शिव की भी नाभि होती है
कवि कुछ भी हो, अपने हज़ारवें अंश में सच का पहरुआ होता है

हवा की रेल ख़ुशबू को न्योतती नहीं है
ख़ुशबू अनधिकार हवा में प्रवेश नहीं करती
कुछ लोग बने ही होते हैं एक–दूसरे में मिल जाने के लिए।

जंगल

बेतरतीब टहनियों के बीच लटके मकड़ियों के उलझे जाल
आकाश की फुसफुसाहट है जंगल के कानों में
धरती पर बिखरी पेड़ों की उथली–उलझी जड़ें
उन फुसफुसाहटों के ठोस जवाब में लगते धरती के कहकहे हैं

आकाश की फुसफुसाहटों में न उलझकर
चालाक मकड़ियाँ उस पर कुनबा सँजोती हैं
जो तितलियाँ दूर तक उड़ने के उत्साह में
नज़दीक लटके जाले नहीं देख पातीं
वे पंखों से चिपक जाने वाली
लिसलिसी कानाफूसियों से हारकर मर जाती हैं

धरती की हँसी को नियामत समझकर
विनम्र छोटे कीट वहाँ अपनी विरासत बोते हैं
लेकिन उन अड़ियल बरसिंघों को सींग फँसा कर मरना पड़ता है
जो हँसी के ढाँचे को अनदेखा करते हैं

(2)

स्मृतियों से हम उतने ही परिचित होते हैं
जितना अपने सबसे गहरे प्रेम की अनुभूतियों से
पौधे धूप देखकर अपनी शाखाओं की दिशा तय कर लेते हैं
प्रेम के समर्थन के लिए सुदूर अतीत में कहीं स्मृतियाँ

अपनी तहों में वाजिब हेर–फेर कर लेती हैं

हम प्रेम करते हैं या स्मृतियाँ बनाते हैं
यह बड़ा उलझा सवाल है
तभी तो हम केवल उनसे प्रेम करते हैं
जिनकी स्मृतियाँ हमारे पास पहले से होती हैं
या जिनके साथ हम आसानी से स्मृतियाँ बना सकें

(3)

जाता हुआ सूरज सब कलरवों की पीठ पर छुरा घोंप जाता है
गोधूलि की बेला आसमान में बिखरा दिवस का रक्त अगर शाम है
तो रौशनी की मूर्छा को लोग रात कहते हैं
जब वह उनींदी लाल आँखें खोलता मैं उसे सुबह कहती थी
जब अनमनापन उसकी गहरी काली आँखों के तले से
नक्षत्र भरे आकाश तक फैलता मेरी रात होती थी

(4)

टहनियों पर टँगे मकड़ियों के जालों के
बीच की ख़ाली जगह से जंगल की आँखें मुझे घूरती हैं
मेरे कन्धों के रोम किसी अशरीरी की उपस्थिति से
चिहुँककर बार–बार पीछे देखते हैं

उन्हें शान्त रहने को कहती मैं ख़ुद कभी पीछे मुड़ कर नहीं देखती
ऐसे मुझे हमेशा यह लगता रहता है कि वह मुझसे कुछ ही दूर
बस वहीं खड़ा है जहाँ मैंने अन्तिम दफ़ा उसे विदा कहा था

प्रेम में उसका मेरे पास न होना

कभी उसकी उपस्थिति का विलोम नहीं हो पाया
मुझे लौटते देखती उसकी नज़र को
मैं अब भी आँचल और केशों के साथ कन्धों से लिपटा पाती हूँ

(5)

लहलहाते जंगलों में लाल–भूरी धरती फोड़कर
उग आये सफ़ेद बूटे जैसे मशरूम जंगल के नेत्र गोलक हैं

जंगल हमेशा मुझे अविश्वास से देखता है
जैसे वह मेरा छूट गया आदिम प्रेमी है
जो अधिकार न रखते हुए भी यह ज़रूर जानना चाहता है
कि इन दिनों मैं क्या कर रही हूँ

अविश्वासों के जंगल में मैंने उसे हमेशा
लौट आने के भरोसे के साथ खोया था
वह मेरे पास से हमेशा न लौटने के भरोसे के साथ गया

(6)

मेघों की साज़िश भरी गुफ़्तगू को बारिश कहेंगे
तो सब दामिनियों को आकाश में चिपकी जोंक मान लेना पड़ेगा
उन्होंने सूरज का ख़ून चूसा तभी तो उनमें प्रकाश है

आसमान के सब चमकीले सूरजों को चाहिए कि
वे स्याह ईर्ष्यालु मेघों से बच कर चलें
मेघों के पास सूरज की रौशनी चूस कर चमकने वाली
जोंकों की फ़ौज होती है
जो उनका साथ देने को रह–रह कर

अपनी नुकीली धारदार हँसी माँजती है

कुछ लोग दामिनियों जैसे चमकते हुए उत्साह से तुम्हारे जीवन में आयेंगे
स्याह मेघों की फ़ौज के हरकारे बनकर
तुम दिखावटी चमक के इन शातिर नुमाइन्दों से बचना
ये थोड़े समय तक झूठे उत्साह के भुलावे देकर
तुम्हारे भीतर की सब रौशनी चूस लेंगे।

प्रेम पर फुटकर नोट्स–एक

जिन्हें यात्राओं से प्रेम होता है
वे यात्री की तरह कम
फ़क़ीरों की तरह अधिक यात्रा करते हैं
जिन्हें स्त्रियों से प्रेम होता है
वे उनसे पुरुषों की तरह कम
स्त्रियों की तरह अधिक प्रेम करते हैं

प्रेम के रंगीन गलीचे की बुनावट में
अनिवार्य रूप से उघड़ना पैबस्त होता है
जैसे जन्म लेने के दिन से हम चुपचाप
मरने की ओर क़दम–दर–क़दम बढ़ते रहते हैं
वैसे ही अपनी दुपहरी चकाचौंध खोकर
धीरे–धीरे हर प्रेम सरकता रहता है
समाप्ति की गोधूलि की तरफ़
टूटना नियति है प्रेम की
यह तो बिलकुल हो ही नहीं सकता
कि जिसने टूट कर प्रेम किया हो
वह अन्ततः न टूटा हो

प्रेम में लिए गये कुछ चिल्लर अवकाश
प्रेम टूट जाने से बचाने में मदद करते हैं

वह जो प्रेम में आपका ख़ुदा है
अगर अनमना होकर छुट्टी माँगे
तो यह समझना चाहिए
कि प्रेम के टूटने के दिन नज़दीक हैं
पर टूटना मुल्तवी की जाने की कोशिशें जारी हैं

प्रेम आपको तोड़ता है
आपके रहस्य उजागर करने के लिए
बच्चा माटी के गुल्लक को यह जानकर भी तोड़ता है
कि उसके अन्दर चन्द सिक्कों के अलावा कुछ भी नहीं
यह तुम्हारे लिए तो कोई रहस्य भी नहीं था
कि मेरे अन्दर कविताओं के अलावा कुछ भी नहीं
फिर भी तुमने मुझे तोड़ा

हम दोनों ख़ानाबदोश घुमक्कड़ों के उस नियम को मानते थे
कि चलना बन्द कर देने से आसमान में टँगा सूरज
नीचे गिर जाता है और मनुष्य का अस्तित्व मिट जाता है

आजकल लोग कोयले की खदानों में
ज़हरीली गैस जाँचने के लिए
इस्तेमाल होने वाले परिन्दे की तरह
पिंजड़े में लेकर घूमते हैं प्रेम
ज़रा–सा बढ़ा माहौल में ज़हर का असर
और परिन्दे की लाश वहीं छोड़कर
आदमी हवा हो जाता है

कुछ लोगों में ग़ज़ब हुनर होता है
पल भर में कई साल झुठला देते हैं

फिर अनकहे की गाँठें लगती रहती हैं
साल–दर–साल रिश्तों में और एक दिन
गाँठें ही ले लेती हैं साथ की माला में
प्रेम के मनकों की जगह

प्रेम कभी पालतू कुत्ता नहीं हो पाता
जो समझ सके
आपका खीझकर चिल्लाना
आपका पुचकारना
आपका कोई भी आदेश
वह निरीह हिरन–सी
पनैली आँखों वाला बनैला जीव है
आप उस पर चिल्लायेंगे
वह निरीहता से आपकी ओर ताकेगा
आप उसे समझदार समझ कर समझायेंगे
वह बैठ कर कान खुजायेगा
अन्त में तंग आकर आप
उसे अपनी मौत मरने के लिए छोड़ जायेंगे

जब भी सर्दियाँ आती हैं मेरी इच्छा होती है
मैं सफ़ेद ध्रूवीय भालू में बदल जाऊँ
ऐसे सोऊँ कि नामुराद सर्दियों के
ख़त्म होने पर ही मेरी नींद खुले
जब भी प्रेम दस्तक देता है द्वार पर
मैं चाहती हूँ मेरे कान बहरे हो जायें
कि सुन ही न सकूँ मैं इसके पक्ष में
दी जाने वाली कोई दलील

जो ख़ूबसूरत शब्द हमसे बदला लेना चाहते हैं
वे हमारे छूट गये पिछले प्रेमियों के नाम बन जाते हैं

बाढ़ का पानी कोरी ज़मीं को डुबो कर लौट जाता है
धरती की देह पर फिर भी छूट जाते हैं तरलता के छोटे गह्वर
दुख के कारणों का आपस में कोई सम्बन्ध नहीं होता
बस एक–सा पानी होता है जो सहोदरपने के नियम निबाहता
उम्र भर दुखों के सब गह्वरों में झिलमिलाता रहता है

भय कई तरह के होते हैं, लेकिन आदमियों में
कमज़ोर पड़ जाने का भय सबसे बलवान होता है
अंकुरित हो सकने वाले सेहतमन्द बीज को
प्रकृति कड़े–से–कड़े खोल में छिपाती है
बीज को सींच कर अपना हुनर बताया जा सकता है
उस पर हथौड़ा मारकर अपनी बेवकूफ़ी साबित कर सकते हैं
यों भी तमाम बेवकूफ़ियों को
ताक़त मानकर ख़ुश होना इन दिनों चलन में है

रोना चाहिए अपने प्रेम के अवसान पर
जैसे हम किसी सम्बन्धी की मौत पर रोते हैं
वरना मन में जमा पानी ज़हरीला हो जाता है
फिर वहाँ जो भी उतरता है, उसकी मौत हो जाती है
त्यक्त गहरे कुएँ में उतर रहे मज़दूर की तरह

तुम्हारी याद भी अजीब शै है
जब भी आती है कविता की शक्ल में आती है

तुम किसी क्षण मरुस्थल थे। रेत का मरुस्थल नहीं! वह तो आँधियों की आवाजाही से आबाद भी रहता है। उसमें रेत पर फिसलता–सा

अक्सर दिख जाता है जीवन। तुम शीत का मरुस्थल थे, जिसमें नीरवता का राग दिवस–रात्रि गूँजता था। तुमसे मिलने से पहले मैं समझती थी कि सिर्फ़ बारिश से भीगी और सींची गयी धरती पर उगे घनघोर जंगल में ही कविता अपना मकान बनाना पसन्द करती है; सिर्फ़ वहीं कविता अपनी आत्मा का सुख पाती है। तुमसे मिलकर मैंने जाना; बर्फ़ के मरुस्थलों में भी निरन्तर आकार लेता है–सजीव लोक। श्मशान–सी फैली बर्फ़ीली घाटियाँ भी कविता के लिए एकदम से अनुपयोगी नहीं होतीं। जीवन होता है वहाँ भी! कफ़न–सी सफ़ेद बर्फ़ानी चादर के अन्दर सिकुड़ा और ठिठुरता हुआ! कुलबुलाते रंग–बिरंगे कीट–पतंगे न सही, लेकिन सतह पर जमी बर्फ़ की पारभासी परत के नीचे तरल में गुनगुनापन होड़ करता है जम जाने की निष्क्रियता के ख़िलाफ़। मछलियों के कोलाहल वहाँ भी भव्यता से मौजूद रहते हैं।

जिसे बस चुटकी भर दुख मिला हो
वह उस ज़रा–से दुख को तम्बाकू की तरह
लुत्फ़ बढ़ाने के लिए बार–बार फेंटता मसलता है
जिसने असहनीय दुख झेला हो वह टुकड़े भर सुख की स्मृतियों से
अनन्त शताब्दियों तक हो रही दुख की बरसात रोकता है
उस ग़रीब औरत की तरह जो जीवन भर शादी में मिली
चन्द पोशाकों से हर त्यौहार में अपनी ग़रीबी छिपाती है
सन्तोष से अपना शौक़ शृंगार पूरा कर लेती है

सब कहाँ हो पाते हैं छायादार पेड़ों के भी साथी
कुछ उनकी छाल चीर कर उनमें डब्बे फँसा देते हैं
जिसमें वे पेड़ों का रक्त जमा करते हैं
दुनिया में दुख के तमाशाई ही नहीं होते
यहाँ पीड़ा के कुछ सौदागर भी होते हैं

मैं प्रेम की राह पर संन्यासियों की तरह चलती हूँ
जीवन की राह पर मृत्यु द्वारा आमन्त्रित अतिथि की तरह

जिन गुफ़ाओं में संगृहीत पानी तक
कभी रौशनी नहीं पहुँचती
वहाँ की मछलियों की आँखें नहीं होतीं
ख़ूबसूरत जगहों में पैदा होने वाले कवि न भी हो पायें
तब भी वे कविता से प्रेम कर बैठते हैं
अगर वे कवि हो ही जाये
तो दुनिया के सब बिम्ब उनकी कविता में
जंगल के चेहरों पर आने वाले अलग–अलग भावों के
अनुवाद में बदल जाते हैं

सोचती हूँ तुम्हारे मन के तल में जमा
काँच से पानी के वहाँ रखे नकार के पत्थरों में
क्या जमती होगी स्मृतियों की कोई हरी काई

मन के झिलमिलाते नमकीन सोते में हरापन कैसे क़ैद होगा
आख़िर किस चोर दरवाज़े से आती होगी वहाँ सूरज की ताज़ी रौशनी
जिसमें छलकती झिलमिलाती होंगी दबी इच्छाओं की चंचल मछलियाँ
बियाबान में टपकती बूँदों की लय क्या कोई संगीत बुन पाती होगी?

नाजुक छुअन की सब स्मृतियाँ तरलता के चोर दरवाज़े हैं
बीता प्रेम अगर तोड़ भी जाये तब भी उसकी झंकार
दूर तक पीछा करती है पुकारते और लुभाते हुए
जैसे आप रस्ते पर आगे बढ़ जायें तब भी
इस आशा में कि शायद आप लौट ही पड़ें
सड़क पर दुकान लगाये दुकानदार आपको आवाज़ देते रहते हैं

धरती पर पड़ी शुष्क पपड़ी जैसे भंगुर होते हैं मन के निषेध–पत्र
कोई हलके नोक से चोट करे तो पपड़ी टूटकर
अंकुर बोने जितनी नमी की गुंजाइश मिल ही जाती है

अगली बार झिलमिलाते जल के लिए
कोई यात्री आपके पाषाण अवरोधों का ध्वंस करे
तो यह मानना भी बुरा नहीं कि कुछ चोटें अच्छी भी होती हैं
सूरज रौशनी के तेज़ सरकण्डों से अँधेरे काटता है
बादलों की लबालब थैली भी आख़िर
गर्म हवा का स्पर्श पाकर ही फटती है
जो सभ्यताएँ मुरझा जाती हैं
उन्हें आँख मटकाते बनजारे सरगर्मियाँ बख़्शते हैं
जंगलों की हरीतिमा अनावरण के
संकट के बावजूद किसी चित्रकार की राह देखती है

पत्थरों के अन्दर बीज नहीं होते
लेकिन अगर वे बारिश में भीग गये हों
और वहाँ रोज़ धूप की जलन नहीं पहुँच रही हो
तब वहाँ भी उग ही आती है काई की कोई हरीतिमा

प्रेम पर फुटकर नोट्स–दो

डरना चाहिए ख़ुद से जब कोई बार–बार आपकी कविताओं में आने लगे
कोई अधकहे वाक्य पूरे अधिकार से पूरा करे और वह सही हो
यह चिह्न है कि किसी ने आपकी आत्मा में घुसपैठ कर ली है
अब आत्मा जो प्रतिक्रिया करेगी उसे प्रेम कह कर उम्र भर रोयेंगे आप
प्रेम में चूँकि कोई आज तक हँसता नहीं रह सका है

आग जलती जाती है और निगलती जाती है
उस लट्ठे को जिससे उसका अस्तित्व है
उम्र बढ़ती जाती है और मिटाती जाती है
उस देह को जिसके साथ वह जन्मी होती है
बारिश की बूँदे बादलों से बनकर झरती हैं
बदले में बादलों को ख़ाली कर देती हैं
प्रेम बढ़ता है और पीड़ा देता है
उन आत्माओं को जो उसके रचयिता होते हैं

एक सफ़ेदी वह होती है जो बर्फ़ानी लहर का रूप धरकर
सभी ज़िन्दा चीज़ों को अपनी बर्फ़ीली क़ब्र में चिन जाती है
जिस क्षण तुम्हारी उँगलियों में फँसी मेरी उँगलियाँ छूटीं
गीत गाती एक गौरैया मेरे अन्दर बर्फ़ीली क़ब्र में
खुली चोंच ही दफ़न हो गयी

एक बार प्रेम जब आपको सबसे गहरे छूकर

गुज़र जाता है आप फिर कभी वह नहीं हो पाते
जो कि आप प्रेम होने से पहले के दिनों में थे

हम दोनों स्मृतियों से बने आदमक़द ताबूत थे
हमारा ज़िन्दापन शव की तरह ताबूतों के अन्दर
सफ़ेद पट्टियों में लिपटा पड़ा था
अपने ही मन की पथरीली गलियों के भीतर
हमारी शापित आत्माएँ अदृश्य घूमा करती थीं
यह तो हल नहीं होता कि हम प्रेम के
उन समयों में फिर से जी लेते
हल यह था कि हम मरे ही न होते
लेकिन यह हल भी दुनिया में हमारे
न होने की तरह असम्भव है

जीवन की ज़्यादतियों से अवश होकर
प्रेम को मरते छोड़ देने का दुख
इलाज के लिए धन जुटाने में नाकाम होकर
सम्बन्धी को मरते देखने के दुख जैसा होता है

दुखों के दौर में जब पैर जवाब दे जायें
तो एक काम कीजिए धरती पर बैठ जाइए
ज़मीं पर ऐसे रखिए अपनी हथेलियाँ
जैसे कोई हृदय का स्पन्दन पढ़ता है
मिट्टी दुख धारण कर लेती है
बदले में वापस खड़े होने का साहस देती है

इन दिनों मैं मुसलसल इच्छाओं और दुखों के बारे में सोचती हूँ
उन बातों के होने की सम्भावना टटोलती हूँ, जो सचमुच कभी हो नहीं सकतीं

मसलन, आग जो जला देती है सब कुछ
क्या उसे नहाने की चाह नहीं होती होगी
मछलियों को अपनी देह में धँसे काँटे
क्या कभी चुभते भी होंगे
जब प्यास लगती होगी समुद्र को
कैसे पीता होगा वह अपना ही नमकीन पानी
चन्द्रमा को अगर मन हो जाये गुनगुने स्पर्श में
बँध जाने का
वह क्या करता होगा
सूरज को क्या चाँदनी की ठण्डी छाँव की
दरकार नहीं होती होगी कभी

उसे देखती हूँ तो रौशनी के उस टुकड़े का
अकेलापन याद आता है
जो टूट गये किवाड़ के पल्ले से
बन्द पड़ी अँधेरी कोठरी के फ़र्श पर गिरता है
अपने उन साथियों से अलग
जो पत्तों पर गिरकर उन्हें चटख रंगत देते हैं
इस रौशनी में हवा की वह बारीक़ियाँ भी नज़र आती हैं
जो झुण्ड में शामिल दूसरी रौशनियाँ नहीं दिखा पातीं
ज़िन्दगी की बारीक़ियों को बेहतर समझना हो
तो उन लोगों से बात कीजिए जो अक्सर अकेले रहते हों

कभी–कभी मैं सोचती हूँ तो पाती हूँ कि
अधूरे छूटे प्रेम की कथापानी के उस हिस्से के
तिलमिलाहट और दुख की कथा है
जो चढ़े ज्वार के समय समुद्र से दूर लैगूनों में छूट जाता है

महज़ नज़र भर की दूरी से समुद्र के पानी को
अपलक देखता वह हर वक़्त कलपता रहता है
तटबन्धों के नियम से बँधा समुद्र चाहे तब भी
उस तक नहीं आ सकता, वह समुद्र का ही छूटा हुआ एक हिस्सा है
जो वापिस समुद्र तक नहीं जा सकता
प्रेम में ज्वार के बाद दुखों और अलगाव का
मौसम आना तय होता है

लगातार गतिशील रहना हमेशा गुण ही हो ज़रूरी नहीं है
पानी का तेज़ बहाव सिर्फ़ धरती का श्रृंगार बिगाड़ता है
धरती के मन को भीतरी परतों तक रिस कर भिगो सके
इसके लिए पानी को एक जगह ठहरना पड़ता है
बिना ठहरे आप या तो रेस लगा सकते हैं
या हत्या कर सकते हैं
प्रेम नहीं कर सकते
जल्दबाज़ी में जब पानी धरती की सतह से बहकर निकल जाता है
वहाँ मौजूद स्वस्थ बीजों के उग पाने की
सब होनहारियाँ ज़ाया हो जाती हैं

प्रेम के सबसे गाढ़े दौर में जो लोग अलग हो जाते हैं अचानक
उनकी हँसी में उनकी आँखें कभी शामिल नहीं होतीं

कुछ दुख बहुत छोटे और नुकीले होते हैं, ढूँढ़ने से भी नहीं मिलते
सिर्फ़ मन की आँखों में किरकिरी की तरह रह–रह कर चुभते रहते हैं
न साफ़ देखने देते हैं, न आँखें बन्द करने देते हैं

नयी कृति के लिए प्राप्त प्रशंसा से कलाकार
चार दिन भरा रहता है लबालब, पाँचवें दिन

अपनी ही रचना को अवमानना की नज़र से देखता है
वे लोग भी ग़लत नहीं हैं जो प्रेम को कला कहते हैं

सुन्दरताओं की भी अपनी राजनीति होती है
सबसे ताक़तवर करुणा सबसे महीन सुन्दरता के
नष्ट होने पर उपजती है
तभी तो तमाम कवि कविता को कालजयी बनाने के लिए
पक्षियों और हिरणों को मार देते हैं
ऐसे ही कुछ प्रेमी महान् दिखने के
लोभ से आतंकित होकर प्रेम को मार देते हैं

एक दिन मैंने अपने मन के किसी हिस्से में
शीत से जमे तुम्हारे नाम के हिज्जे किये
दुख के हिमखण्ड टूटकर आँखों के रास्ते
चमकदार नर्म पानी बनकर बह चले
जब से हम–तुम अर्थों में साँस लेने लगे
सुन्दर शब्द आत्मा खोकर मरघटों में जा बैठे

स्मृतियों और मुझमें कभी नहीं बनी
आधी उम्र तक मैं उन्हें मिटाती रही
बाक़ी बची आधी उम्र में उन्होंने मुझे मिटाया

मेरी कुछ इच्छाएँ अजीब भी थीं
मैं हवा जैसा होना चाहती थी तुम्हारे लिए
तुम्हारी देह के रोम–रोम को
सुन्दर साज़ की तरह छूकर गुज़रना मेरी सबसे बड़ी इच्छा थी
मैं चाहती थी तुम वह घना पेड़ हो जाओ
जिसकी पत्तियाँ मेरे छूने पर लहलहाते हुए गीत गायें

मैं तुम्हारे मन की पथरीली–सी जमीन पर उगी
ज़िद्दी हरी घास का गुच्छा होना चाहती थी
जिसे अगर बल लगाकर उखाड़ा जाये तब भी
वह छोड़ जाये तुम्हारी आत्मा में
स्मृतियों की चन्द अनभरी ख़राशें

लगातार घाव देने वाले प्रेम का टूटना
साथ चलते दुख से राहत भी देता है
देखी है आपने कभी दर्द से चीख़ते कलपते
इन्सान के चेहरे पर मौत से आयी शान्ति?
असहनीय पीड़ा में प्राण निकल जाना भी
दर्द से एक तरह की मुक्ति ही है

इन दिनों सपने हिरन हो गये हैं
और जीवन थाह–थाह कर क़दम रखता हाथी

एकान्त में जलने के दृश्य
भव्य और मार्मिक होते हैं
गहन अँधेरे में बुर्ज़ तक जल रहे
अडिग खड़े क़िले की आग से
अधिक अवसादी जंगलों का
दावानल भी नहीं होता।

मेरे 'मैं' के बारे में

मुझे थोड़ा–थोड़ा सब चाहते थे
ज़रूरत के हिसाब से कम–बेशी
सबने मुझे अपने पास रखा
जो हिस्सा लोग ग़ैर–ज़रूरी समझ कर अलगाते रहे
मेरा मैं वहाँ आकार लेता था
आख़िर जो हिस्सा ख़र्चने से बाक़ी रह जाता है
वही हमारी बचत है

मुझ पर अभियोग लगे,
जाने वालों को रोकने के लिए
मैंने आवाज़ नहीं लगायी

मेरा मन मौन का एक भँवर है
जिसमें कई पुकारें दुख के घूँट पीती
कलशी की तरह डूब जाती हैं

अधूरी कविताओं की काया मेरे भीतर
निशा संगीत की धुन पर
दिये की काँपती लौ की मानिन्द नृत्य करती है

रात के तीसरे पहर मेरी परछाईं
दुनिया के सफ़र पर निकलती है
उन परछाइयों से मिलने

जिन्हें अपने होने के लिए
रौशनी की मेहरबानी नहीं पसन्द

कुछ पुकारें हैं जो केवल अँधेरी रातों के
घने सन्नाटे में मुझे सुनायी देती हैं

कुछ धुनें हैं जो तब गूँजती हैं
जब मेरे पास कोई साज़ नहीं होता

कविता की कुछ नृशंस पंक्तियाँ हैं
जो उस वक़्त मेरा मुँह चिढ़ाती हैं
जब मेरे पास उन्हें नोट करने के लिए वक़्त नहीं होता

कुछ सपने हैं जो रोज़ चोला बदलकर
मुझे मृत्यु की तरफ़ ले जाते हैं
अन्त में नींद हमेशा मरने से पहले टूट जाती है

जिस समय लोग मुझे चटकीली सुबहों में ढूँढ़ रहे थे
मैं अवसादी शामों के हाथ धरोहर थी

क्या यह इस दुनिया की सबसे बड़ी विडम्बना नहीं है
कि रौशनी की हद अँधेरा तय करता है?
रौशनी को जीने और बढ़ने के लिए
हर पल अँधेरे से लड़ना पड़ता है

मैं लड़ाकू नहीं हूँ, मैं जीना चाहती हूँ
अजीब बात है, सब कहते हैं
यह स्त्री तो हमेशा लड़ती ही रहती है

मैं ख़ुद पर फेंके गये पत्थर जमा करती हूँ

कुछ को बोती हूँ, पत्थर के बग़ीचे पर
पत्थर की चारदीवारी बनाती हूँ

उन्हें इस आशा में सींचती हूँ
किसी दिन उन में कोंपलें फूटेंगी
हँसिए मत, मैं पागल नहीं हूँ

हमारे यहाँ पत्थर औरतों और भगवान तक में बदल जाते हैं
मैंने तो बस कुछ कोंपलों की उम्मीद की है

अपने होने में अपने नाम की ग़लत वर्तनी हूँ
मेरा अर्थ चाहे तब भी मुझ तक पहुँच नहीं सकता
उसे मुझ तक लेकर आने वाला नक़्शा ही ग़लत है

दुनिया के तमाम चलते–फिरते नाम
ऐसे ग़लत नक़्शे हैं जो अपने लक्ष्यों से
बेईमानी करने के अलावा
कुछ नहीं जानते

जवाबों ने मुझे इतना छला
कि तंग आकर मैंने सवाल पूछना छोड़ दिया

नहीं हो पायी इतनी कुशाग्र
कि किसी बात का सटीक जवाब दे सकूँ
इस तरह मैं न सवालों के काम की रही
न जवाबों ने मुझे पसन्द किया

अलग बात है शब्द ढूँढ़ते–ढूँढ़ते,
मैंने इतना जान लिया कि

परिभाषाओं में अगर दुरुस्ती की गुंजाइश बची रहे
तो वे अधिक सटीक हो जाती हैं

कुछ ख़ास गीतों से मैं अपने प्रेमियों को याद रखती हूँ
प्रेमियों के नाम से उनके शहरों को याद रखती हूँ

शहरों की बुनावट से उनके इतिहास को याद रखती हूँ
इतिहास से आदमियत की जय के पाठ को

मेरी कमज़ोर स्मृति को मात करने का
मेरे पास यही एकमात्र तरीक़ा है

भूलना सीखना बेशक जीवन का सबसे ज़रूरी कौशल है
लेकिन यह पाठ हमेशा उपयोगी हो यह ज़रूरी नहीं है

मन एक बेडरूम के फ़्लैट का वह कमरा है
जिसमें जीवन के लिए ज़रूरी सब सामान है
बस उनके पाये जाने की कोई माकूल जगह नहीं है

आप ही बतायें वक़्त पर कोई सामान ना मिले
तो उसके होने का क्या फ़ायदा है?

मेरे पास कुछ सवाल हैं जिन्हें कविता में पिरो कर
मैं दुनिया के ऐसे लोगों को देना चाहती हूँ,
जिनका दावा है कि वे बहुत से सवालों के जवाब जानते हैं

जैसे जब तबलची की चोट पड़ती होगी तबले पर
तब क्या पीठ सहलाती होगी मरे पशु की आत्मा?

जिन पेड़ों को कागज़ हो जाने का दण्ड मिला

उन्हें कैसे लगते होंगे ख़ुद पर लिखे शब्दों के अर्थ ?

वे बीज कैसे रौशनी को अच्छा मान लें?
जिनका तेल निकाल कर दिये जलाये गये
जबकि उन्हें मिट्टी के गर्भ का अन्धकार चाहिए था
अंकुर बनकर उगने के लिए

एक सुबह जब मैं उठी
तो मैंने पाया प्रेम और सुख की सब सान्त्वनाएँ
मरी गौरैयों की शक्ल में पूरी सड़क पर बिखरी पड़ी हैं

इसमें मेरा दोष नहीं था; मुझे कम नींद आती है
इसलिए मैं कभी नींद की अनदेखी न कर पायी
मेरी नींदों ने हमेशा आसन्न आँधियों की अनदेखी की

इस कदर धीमी हूँ मैं कि रफ़्तार का कसैला धुआँ
मेरी काया के भीतर उमसाई धुन्ध की तरह घुमड़ता है

कुछ अवसरवादी दीमकें हैं जो मन के अँधेरे कोनों से
कालिख मुँह में दबाये निकलती हैं

वे मेरी त्वचा की सतह के नीचे
अँधेरे की लहरदार टहनियाँ गूँथती हैं

देह की अन्दरूनी दीवारों पर अवसाद की कालिख से बना
अँधेरे का निसंध झुरमुट आबाद है

चमत्कार यह कि काजल की कोठरी में
विराजती है एक बेदाग़ धवल छाया
जो लगातार मेरी आत्मा होने का दावा करती है

कई लोग मेरे बारे में इतना सारा सच कहना चाहते थे
कि सबने आधा–आधा झूठ कहा

मैं अक्सर ऐसे अगोरती हूँ जीवन
जैसे राह चलते कोई ज़रा देर के लिए
सामान सँभालने की ज़िम्मेदारी दे गया हो

एक दिन अपने बिस्तर पर
ऐसा सोना चाहती हूँ कि उसे जीवित लगूँ

एक दिन शहर की सड़कों पर
बिना देह घूमना चाहती हूँ।

दुखों की उपज हूँ मैं
इसलिए उनसे कहो मुझे नष्ट करने का ख़्वाब भुला दें
पानी में भले ही प्रकृति से उपजी हर चीज़ सड़ जाये
काई नहीं सड़ती।

बतकही

सुनो,
मुझे चूमते हुए तुम
हाँ, तुम ही

मान सको तो मानना, प्रेम वह सबसे बड़ा प्रायश्चित्त है
जो मैं तुम्हारे प्रति किये गये अपराधों का कर सकती हूँ

मेरा तुमसे प्रेम
मेरी देह के अब मेरे पास
'न होने' का प्रायश्चित है

सुनो,
नखरीली शिकायतों वाले तुम

बहुत बदमाश पीपल का घना पेड़ हो तुम
छाँव में बैठी जोगनियों को छेड़ने के लिए
पहले उन पर अपने पत्ते गिराते हो

फिर अकबका कर जागते हो
जोगनियों के सर
पतझड़ लाने का ठीकरा फोड़ते हो

सुनो,
देर रातों को बिना वजह झगड़ने वाले तुम

तुमने क्यों कहा
तुम एक रोतलू बीमार तनावग्रस्त बुढ़िया की आत्मा हो
जिसके पास बैठो तो वह ज़िन्दगी भर मिले दुखों का गाना गाने लगती है

जैसे हम देना पसन्द करते थे
पूरे वाक्य के बजाय चन्द शब्दों में
मैंने दिया जवाब 'तुम भी'

फिर हम लम्बे समय तक साथ बैठकर रोये
फिर हँसे, अपने लिए किसी नये को ढूँढ़ लेने का ताना दिया
और एक–दूसरे को रोतलू कहा

सुनो,
दुनिया की सबसे मासूम नींद सोने वाले तुम

मैंने तुम्हें कभी नहीं बताया
कि जब मुझे लगता है मैं हार जाऊँगी
ख़ुद से
ज़माने से
ज़िन्दगी की दुरभिसन्धियों से
मैं अपनी स्टडी टेबल से उठकर
तुम्हारा नींद में डूबा चेहरा देखती हूँ

तुम्हारी पतली त्वचा के अन्दर बह रहे ख़ून का रंग
कण्ठ के पास उचक–बैठ रही तुम्हारी श्वासों की आवृत्ति
मुझसे मुस्कुरा कर कहती है–तुम ऐसे नहीं हार सकतीं
कि हमने वादा किया था
हम साथ रहेंगे सुख में नहीं तो न सही

लेकिन अपने और सबके लिए की गयी सुख की आशा में

सुनो,
महँगी दाल और सब्ज़ी के दौर में
भात और आलू खाकर मोटे होते तुम

जिस क्षण प्रेम में चमत्कार न उत्पन्न हो सके
तुम अन्तरालों पर भरोसा रखना
तुम्हें प्रतीक्षाएँ मेरे पास लेकर आयेंगी
होगी कोई बेवजह–सी लगने वाली बेवकूफ़ी भरी बात
जो स्मृति बनकर तुम्हारे मन को अकेलेपन में गुदगुदायेगी

बस इतना–सा उपकार करना
अपने अहं के महल में प्रेम को कभी ईंटों की जगह मत आँकना
मेरे नेह पगे शब्दों को कुर्ते में तमगे की तरह मत टाँकना

सुनो,
रसीली बातों और गाढ़ी मीठी
मुस्कान वाले तुम

तुम एक बड़ा–सा पका रस भरा चीकू हो
इसे ऐसे भी कह सकते हैं

तुम्हारे अन्दर बहुत सारे पके रस भरे चीकू भरे हैं
जो मेरी ओर देख–देख कर मुस्कुराते हैं

ज़रा कम–कम मुस्कुराया करो
ज़ोर से चोंच मारने वाली चिड़ियों को
थोड़ा कम–ज़्यादा लुभाया करो

सुनो,
गर्वीले और तुनकमिज़ाज मन वाले तुम

हमेशा कुछ बातें याद रखना
जिन्होंने तुम्हारी देह पर चुभोये होंगे
लपलपाते चाकू और बरछियाँ
वे तुम्हारी सुघड़ता की नेकनामी लेने आयेंगे

जिन्होंने तुम पर तेज़ाब उड़ेला होगा
वे तुम्हारी जिजीविषा के
परीक्षक होने का ख़िताब पायेंगे

जिन्होंने शाख से काट कर
तुम्हें कीचड़ में फेंक दिया होगा
तुम्हारे वहाँ जड़ जमा लेने पर
वे तुम्हारे पोषक माली कहलायेंगे

उनसे बचना जो बहुत तारीफ़ या अतिशय निन्दा करें
पुरानी पहचान की किरचें निकाल कर
वर्तमान में इन्सान को शर्मिन्दा करना
कुण्ठित लोगों का प्रिय शगल है

आधी उम्र बीत जाने के बाद
ज़रा शातिर, ज़रा लापरवाह हुए तुम
जाने कैसे पढ़ लेते हो तुम मेरा मन
कि अब नाराज़ होकर उठकर जाना चाहती हूँ मैं
और उठने से ठीक पहले तुम मेरा हाथ पकड़ लेते हो

प्रेम में लम्बे समय तक होना शातिर बनाता है

जबकि प्रेम के स्थायित्व पर विश्वास होना
प्रेमी को लापरवाह बनाता है

सुनो
लम्बे अन्तरालों तक गुम हो जाने वाले तुम

यह न सोचा करो कि मेरा प्रेम तुम्हारे सर्वश्रेष्ठ होने का प्रतिफल है
यह तुम्हें प्रेम करते हुए तुममें सर्वश्रेष्ठ पाने का सम्बल है

सुनो
कड़वी और जली–भुनी बातों वाले तुम
हाँ कि बस तुम ही

कोई गुण तो हरी घास की नोक का भी होगा
वरना चुभते नुकीलेपन के माथे ऐसे कैसे जमी रह जाती
मुझ–सी तरल
ओस की नाजुक बूँद।

आलाप

वांछित का अभाव सारांश है स्मृतियों की किताब का
तमाम स्मृतियाँ 'विदा' के एक अकेले शब्द की वसीयत हैं

हँसती आँखों के सूनेपन में
क़ैद हो गये वे यतीम दृश्य
जो घट न सके मेरे तुम्हारे बीच

कविता की शक्ल ले ली
उन बातों ने जो कही न जा सकीं

जिन हतभागी चित्रों में ढूँढ़ा तुम्हें
वे समय के फ्रेम में न आ सके

जो आईने तुम्हारी शक्ल गढ़ते थे
उनकी आँखें किसी अनन्त देहधारी रात ने
अपनी हथेलियों से ढँक दीं

फ़ैसले कितने भी सही हों,
दुख नहीं सुनता किसी की
मरे प्रेम की क़ब्र पर बैठ लगातार रोता है
घाव चाटते चोटिल सियार की तरह

मेरी आँखों का पानी तुम्हारी छाती से
ज़मीं की तरफ़ बहकर

तुम्हारी देह पर पानी की पतली लकीरें बनाता है

सद्यःजात शिशु के होंठों से निकलती–सी
मेरी काँपती रुलाई में तुम
सीधे खड़े हरे देवदार के पेड़ की तरह भीगते हो
तुम्हारी आत्मा इस झिलमिलाते पानी की क़ैद में है
मेरे आँसू तुम्हारे मन का लिबास हैं

तुमसे मेरी नींदों के रिश्ते की कोई न पूछे
तुमने उनकी इतनी फ़िक्र की
कि मेरी नींदों की शक्ल तुम–सी हो गयी
जो रातें मैंने जागकर बितायी उनमें
मैं तुम्हारा न होना जीती रही

रास्ते मनुष्य के छोटेपन से खेलते हैं
प्रेम मन के गीलेपन से

जीवन एक लम्बे जटिल वाक्य की तरह था
जिसमे प्रेम की संज्ञा बनकर तुम बार–बार आये
रहा तुमसे मेरा प्रेम एक ऐसी अनगढ़ कथा का ड्राफ्ट
जिसे लौट कर बार–बार लिखना पड़ा

सिर्फ़ तुम्हारी बदौलत आज मैं शान से कह सकती हूँ
कि अधूरापन मेरा गोत्र है

कई चीज़ें थीं जिन्होंने मेरे ज़ेहन में छपी
तुम्हारी आवाज़ की जगह लेनी चाही
एक दिन समुद्र मचलता उठा
अपनी गड़गड़ाहटों में गूँथ कर उसने मेरा नाम

बिलकुल तुम्हारी तरह पुकारा

एक दिन हवा घने पेड़ों से होकर गुज़री
हवा में घुली हरी गन्ध के पास
तुम्हारे शब्दों जैसी फुसफुसाहटें थीं

एक रोज़ बारिश हुई
पत्तों पर गिरती बूँदें
मेरे लिए तुम्हारी तरह गाती रहीं

एक दिन झरना घने जंगल के बीच
अपनी ऊँचाइयों से धरती पर गिरा
तुम्हारी ही तरह मेरे लिए वह
अविकल कविता पढ़ता रहा

एक दिन हवा ने फैला दी अपनी बाँहें तुम्हारी तरह
मैं घण्टे भर उसकी सरसराहट में थमी रही

तुम्हारा न होना फिर भी
तुम्हारा न होना था
कोई भी तुम्हारे होने का भ्रम न रच पाया

> उदासी मेरी मातृभाषा है
> हँसी की भाषा मैंने तमाम विदेशी भाषाओं की तरह
> ज़िन्दगी चलाने के लिए सीखी है

तेज़ हवा में हथेलियाँ हटा दो
दीपक बुझ जाता है
दोष हवा को नहीं लगता

पौधे को पानी न दो
वह सूख जाता है
दोष धूप का नहीं होता

लता आलम्बन के बिना
धूल में मिल जाती है
दोष ऊँचाइयों का नहीं होता

मरुस्थल में कोई
बिना पानी मर जाये
मरीचिका दोषी नहीं होती

जंगल में दावानल फैल जाये
तो अभियोग बारिश पर नहीं लगता

अपराध और दण्ड की परिभाषा दुनिया में
ईश्वर के अस्तित्व के सवाल की तरह
बहुआयामी है

आँसू आँखों में नहीं मन में बनते हैं

मुझे बताओ, कैसा लगता होगा उन सन्देशों को
शिलालेखों में जिनकी लिपियाँ अबूझ रहीं
जिनके अन्त लिखे न जा सके
उन उपन्यासों की पंक्तियाँ कहाँ रह गयी होंगी
उन फ़सलों के नृत्य कहाँ जाते होंगे
जिन्हें पाले रौंद जाते हैं

तुम यह मत समझना

कि मुझे सुनायी नहीं दिये वे शब्द
जो तुम्हारे मन से ज्वार की तरह उमड़े
लेकिन तुम्हारे पथरीले किनारों से टकरा कर
तुम्हारे अन्दर ही बिखर गये

कभी–कभी हम जिसे खोना नहीं चाहते
उसे खोने से इतना डरने लगते हैं
कि एक दिन अच्छी तरह उसे खोकर
इस डर से हमेशा के लिए मुक्त हो जाते हैं

बातें सफ़ेद हैं, सन्नाटा स्याह है
और फुसफुसाहटें चितकबरी हैं

उन मोड़ों को मैं कभी कुछ न कह सकी जिन्होंने
मेरे न चाहने पर भी मुझे तुमसे बार–बार मिलाया
न यही जान सकी कभी, क्यों तुम्हारा होना
अचानक चटकीली सुबह से दमघोंटू धुन्ध में बदल गया

जब–जब मिटाने की कोशिश की प्रेम को
आत्मा का एक हिस्सा मिट गया
जब भी कोई साथ की सीट से उठा
सुकून का थोड़ा सामान लेकर उतर गया

कभी न पूछ सकी यह सवाल
क्या किसी का मन तोड़ देना अपराध है?
किसी के मन में स्मृतियों के भव्य नगर बसा कर
सुनसान छोड़ देना कोई अपराध है?

अब जब पुकारों से परे है तुम्हारा नाम

यह डर भी नहीं है कि एक दिन लौटेगा प्रेम
उसके साथ टूटने के दिन भी लौटेंगे
मैं जानती हूँ इतनी बात
कि पहला प्रेम धीरे–धीरे अपनी मौत मरता है
उसके बाद आये प्रेमों का गला
पिछले प्रेम के वाचाल असन्तुष्ट प्रेत घोंटते हैं

मन के घाव पर जमी कठोर पपड़ी से
टूट जाने की मनुहार करता प्रेम चाहता है
आत्मा की त्वचा चोट भूलकर एकसार हो जाये

शहर की सड़क पर बेवजह देर रात चलती हूँ
शोर और धुएँ से छुट्टी पाकर सड़कें
बुरी तरह खाँस कर धीमी–धीमी साँसें ले रहे
बूढ़े की तरह शान्त हैं

शहर की कुछ पुरानी इमारतें अब ढह रही हैं
वास्तुविद् कहते हैं, इतनी पुरानी इमारतों की
अब मरम्मत नहीं हो सकती

जैसे–जैसे उम्र बढ़ती है
चोटें अधिक आसानी से लगती हैं
उनके घाव देर से भरते हैं
और एक बात तय होती है शत–प्रतिशत
उनके निशान कभी नही मिटेंगे।

उपजाऊ होते हैं दुख
और सुख अधिकतर बाँझ

कहाँ रोक पाता है अनन्त विस्तार का स्वामी आकाश
पानी की मामूली बूँदों से बने सतरंगी इन्द्रधनुष को
अपनी एकरंगी काया रँगने से

पथरीले टीले पर उगी दूब का जीवन अल्प होता है
लेकिन वह कवियों और चित्रकारों को
कला की प्रेरणा दे जाती है

अधरस्ते छूटे प्रेम की क्षणिकता भी कोई अपराध नहीं है
और संयोग से यह जीवन के लिए निरर्थक भी नहीं है।

चोर देवता

दुख के सफ़ेद प्रेत संसार के किसी कोने में
मेरा पीछा ही नहीं छोड़ते हैं
मैं जहाँ जाती हूँ, वे चोर–देवता की तरह मेरा पीछा करते हैं

मेरे बचपन के ये गँवारू चोर–देवता ऐसे देवता नहीं थे
जिन्हें आप राजनीति के लिए उपयोग कर सकें
शायद इसलिए भी वे अप्रसिद्ध रहे

चोर देवता अक्सर असमय–कुसमय मरे बच्चों के प्रेत होते हैं
जिन्हें साधकर इस काम में लगाया जाता है
कि अगर घर से कोई सामान चोरी हो जाये
तो वो चोर का पीछा करें
उसे ऐसे भय और भ्रम में डाल दें
कि चोर डरकर अपने आप सामान लौटा जाये

ये प्रेत मेरे बचपन से अभी तक मेरे साथ हैं
मैं ख़ुशी लिखना चाहूँ
वे उँगलियाँ मरोड़ कर दुख लिखवाते हैं
मैं नारे लगाने के लिए चीख़ना चाहती हूँ
वे गला दबा देते हैं
कण्ठ से दहाड़ें मारकर रोती हुई औरतें
और मुसलसल सताये गये आदमियों की चीख़ें निकलती हैं

मैं उन्हें नहीं भगा सकती
मैंने चोरी किया है अपना अस्तित्व अपने ही जीवन से
मैंने हरे–भरे जंगलों से अपने खरगोश जैसे मन को अपहृत करके
उसे तेज़ खंजर से चीर दिया था
उसके ख़ून से मैं शहरी जीवन का रोज़नामचा लिख रही थी
एक दिन मैंने यह अस्तित्व ही नहीं, इसकी स्मृतियाँ भी खो दीं
अब मैं चाहूँ तब भी चोर–देवता से पीछा नहीं छुड़ा सकती
वे प्रेत अब हर जगह मेरे साथ होते हैं

सिग्नल्स में कुपोषित फूले पेट के साथ ये प्रेत
मुझसे गुब्बारे ख़रीद लेने की ज़िद करते हैं
मेरे पास पैसे नहीं हैं, मैं सिर्फ़ इसलिए नहीं ख़रीदती
फिर भी वे समझते हैं कि मैं झूठ कह रही हूँ
वे मेरे पीछा करना शुरू करते हैं
हर जगह–ऑफ़िस, लाइब्रेरी, पार्किंग

अलमारी के नीचे की धूल झाड़ने
लगभग ज़मीन से सर सटाये
मैं झाड़ू अन्दर डालती हूँ और उनकी आँखें दिखती हैं
भूरे–खसखसे रूखे केशों के बीच
मुझे याद नहीं आता है
शायद मैंने उनके हिस्से का तेल भी चुराया हो
वे काले–पीले दाँतों के साथ किलकारी मारकर हँसते हैं
मैं डरकर दीवारों से घिरे कोने में
घुटनों पर सर रखे सहमी–सी बैठ जाती हूँ ।

धूसर कविता

कयामत के दिन के इन्तज़ार में मज़े से सोयी
सब लाशों को जगा कर मैं उनसे पूछना चाहती हूँ
भद्र मानुषो, तुम्हें बोरियत न सही
क्या क्लॉस्ट्रोफोबिया तक महसूस नहीं होता?

ज़िन्दापन अपने सबसे आसान अर्थ में
बदलाव की एक अदद इच्छा है

हमेशा कमज़ोरियों को दोष मत दो
जुड़ना एक कमज़ोर प्रक्रिया है

क्या तुमने देखा नहीं?
जोड़ों पर हर चीज़ कमज़ोर होती है

मैं मृत्युओं, घातों, कष्टों पर नहीं रोयी
दुखों का बदला मेरी छिपाने की कला से
अधिक कलात्मक था
दुख ने अपने आभूषण गढ़े
कष्ट मेरे शब्द–शब्द बहे

अन्धकार मेरा पिता है
जिसे देखकर भी मैंने कभी नहीं देखा

अन्धकार सिर्फ़ पाप और ख़तरे नहीं

मजबूरियाँ और मासूम शर्मिन्दगियाँ भी छिपाता है

मैंने गहन अन्धकार की कविता लिखी
सघन प्रकाश की प्रशस्ति गायी
मैं अन्धकार और प्रकाश की देहरी पर खड़ी हूँ
मुझ पर न अन्धकार की सत्ता है, न प्रकाश की मिल्कियत

अपने होने के हर अर्थ में
मैं एक पूर्णतः सफल असफलता हूँ।

अभिप्रेत कथा

मैं पानी में तैर सकने वाली एक बड़ी पोत थी। एक नाविक मेरा प्रेमी था। मुझे याद है जब वह मेरे पास पहली बार आया था, उत्साह से छलछलाता नौजवान था। उसके सर पर समुद्री बाज़ के पर का हैट था। उसके पैरों में नाविकों जैसे ही चमड़े के मज़बूत जूते थे। मैं भी तब चमकती भव्य नाव थी। भव्यता कई बार निस्तब्धता से भर देती है। भव्यता संक्रमित भी करती है। ऊँचे पहाड़ उँचाई के अकेलेपन से आक्रान्त करके आपको स्थिर कर देते हैं। श्मशान अपनी नीरवता, अपनी मनहूसियत का कुछ हिस्सा आपको निराशा के रूप में सौंप देता है। चंचल नदियाँ आपके अन्तर में तरल कुछ छेड़ जाती हैं। भव्य इमारतें आपमें सम्भ्रान्त और पुरातन स्मृतियाँ जीवित कर देती हैं। असीम समुद्र आपको गहरे चिन्तन में धकेल देता है और आकाश का विस्तार आपमें शून्य भर देता है। यह सब भव्यताएँ हैं,संक्रमित करने वाली भव्यताएँ। आप में ख़ुद को भरने वाली भव्यताएँ। वह नाविक भी मेरी सुरचित ग्रहणीय भव्यता से आकर्षित हुआ और मुझे लेकर तरलता के साम्राज्य में फिरने लगा। मन्वन्तर बीते, कल्प बीते। एक दिन मुझे मुसलसल तैरने से थकावट होने लगी। मेरा नाविक भी पानी के असीम विस्तार पर भटकते–भटकते थक गया था। मेरी आँखें लगातार कई साल सूरज की रौशनी का सामना करते–करते चौंधियाने लगी थीं। मेरे विशाल पाल जो उत्साही पक्षी के पंखों जैसे दिखते थे, फट गये थे। देह जर्जर हो गयी थी। वह भी मुक्त होना चाहता था, मैं भी निर्वाण पाना चाहती थी, लेकिन हमारे पास कुछ भय थे।

मेरे नाविक को उन राजाओं से भय होता था, जो नाविकों से

सफ़र की कहानियाँ सुनकर मनोरंजन करते है; जिन्हें हर कथा में चमत्कार चाहिए होता है; हर बात में मनुष्य की अदम्य जिजीविषा के आश्चर्यजनक ज़िक्र चाहिए होते हैं। हमें उनसे भय होता था, जो हर तरह की साधारणता के ख़िलाफ़ थे; जिनके पास हर चीज़ के लिए एक 'उपयोग' था। मुझे सागर किनारे की शुष्क रेत में धँसे रहकर अपनी भव्यता का क्षरण देखते रहने से भय होता था। मुझे संग्रहालय में नमूने की तरह रखे जाने से भय होता था। लोग मेरी भव्यता के उदाहरण देते, मुझे काँच के बाहर से नाक गड़ा कर निहारते। मुझे इस निरीहपने से भय होता था। इससे बेहतर होता वे मुझे ईंधन समझकर आग में झोंक देते, लेकिन समाज को युवावस्था की भव्य उपयोगिता को बुढ़ापे में संग्रहणीय प्रतीक भर बना देने के कई षड्यन्त्र आते हैं।

मैंने अपने नाविक से कहा कि वह मेरे हृदय के तल को निशाना बनाकर एक तीर छोड़े, मैं इस सागर में ही डूब जाना चाहती हूँ। तीर निशाने पर लगा। मेरे हृदय से समुद्र का नमकीन रक्त बलबला कर बाहर आया। मैं समझ नहीं सकी कि मेरे कष्ट से समुद्र की छाती फट गयी या मेरे दुख पर बिलखते समुद्र के अश्रु ही मेरे रक्तबिन्दु थे। साथ रहते शायद मेरी धमनियों में उसका ख़ून बहने लगा था। अन्तर्मुखी लोगों की अश्रुधार भी अन्तःसलिला होती है, समुद्र से अधिक अन्तर्मुखी और कौन हो सकता था। तल पर हुए छेद से मैं डूब गयी। मैंने समुद्र तल में समाधि ले ली और मेरे नाविक को लहरों ने किसी तट पर उलीच दिया। वह दुर्घटना से स्मृतिहीन हो गया और बहकर वहाँ पहुँचा, जिस द्वीप में कोई उसे मेरे साथ जोड़कर नहीं देखता। अब वह अपनी पहचान खोकर निरुद्देश्य भटकता है। अब भी कुछ खोजी तैराक वहाँ आते हैं, जहाँ समुद्र तल में मैं समाधिस्थ हूँ। वे सब कोई छिपा ख़ज़ाना ढूँढ़ने आते हैं और निराश होकर लौट जाते हैं। समुद्र किनारे की रेत की शुष्कता कई नाविकों की स्मृतिहीनता है। जो उत्साह भटक जाते हैं, वे स्मृतिहीन हो जाते हैं। जो भव्यताएँ डूब गयी हों, ज़रूरी नहीं कि उनके पास हमेशा कोई छिपा ख़ज़ाना हो ही।

कला के पक्ष में

गहरे प्रेम की स्मृतियाँ दीवार में लगी पेंटिंग में चित्रित लहर के जैसी होती हैं। आप चाहें तो उस चित्रकार को गालियाँ दे सकते हैं, जिसने चित्र बनाकर उस लहर को सदा के लिए पेंटिंग में क़ैद कर दिया। निस्सन्देह, वह ज़िम्मेदार है–लहर की गति छीनकर उसे निरे रेख में बदल देने के लिए। प्रेम को स्मृति में बदल देने के लिए भी कोई तो ज़िम्मेदार होता ही है, लेकिन आप आज उस लहर की स्मृति को देख पा रहे हैं, तो उसी चित्रकार की बदौलत।

कविता भी ऐसा ही एक स्मृति–चित्र है। कविता किसी स्मृति को पोंछ कर मिटा देने से सौ गुना बेहतर समाप्ति है। ऐसे ही किसी चीज़ को उसकी आसन्न नियत मृत्यु के विरुद्ध कला में पुनर्निर्मित करना समय की सनातन ज़्यादतियों के विरोध में कला का दुस्साहसपूर्ण उलगुलान है।

अब मेहरबान, यह शिकायत तो मत कीजिये कि चित्र में चित्रकार ने अपनी कल्पना मिलायी। यह उसकी कला थी, जिसने सही–ग़लत को लेकर इतनी बहसों को जन्म दिया।

वरना रोज़ हज़ारों लहरें जन्म लेती हैं, रोज़ हज़ारों प्रेम मरते हैं।

नदियाँ–एक

नदियों की जीभ होती है
लपलपाती पानी की शतखण्डी जीभ

जड़ों की मिट्टी काटकर नदियाँ
सघन पेड़ों से बने कुंज के कुंज खा जाती हैं

नदियाँ केवल पालन करने वाली माँएँ नहीं होतीं
विहँसती मुक्त अँगनाएँ भी होती हैं

नदियों के निज होते हैं
बड़े–बड़े टीले काटकर बहाती नदियाँ
अपने रहस्य पर अट्टहास करती हैं

हाँ साहब,
आप नहीं जानते
लेकिन नदियों के निज होते हैं।

नदियाँ—दो

दुख क्या होता है उस नदी से पूछो
जिनकी बलखाती भव्य समृद्धि और किनारों में न बँधने की ज़िद को
उसके तट पर घर बनाकर रहने वाले सभ्य लोग न पचा पाये

बाँध तोड़कर नदियाँ कभी—कभी उन लोगों को धिक्कारती हैं
जिन्होंने अपने घरों की बसावट के लिए
नदियों से उनकी स्वतन्त्रता छीन ली

नदियाँ उनसे नफ़रत करती हैं
जो ख़ुद को सभ्यताओं का वकील समझते हैं
उन्हें 'शाप' और 'वरदान' जैसे मुहाविरों से नवाज़ते हैं
नदियों की भव्यता से वे ही सबसे अधिक भय खाते हैं
जो हर मुक्त आत्मा को सभ्यता के लिए हानिकारक बताते हैं

कृतघ्न हैं वे जो नदियों की देह पर
अपने टुच्चे घरों की क़तारें बाँध कर
अपना फलना—फूलना तय करते हैं
वे दोषी हैं नदियों के जिनकी भव्य इमारतों की चूलें
किसी नदी की एक अदद खिलंदड़ी अँगड़ाई से काँप जाती हैं।

हमारे समय में

हहकारती अनियन्त्रित जंगल की आग कहती है
कि वह दीयों की प्रतिनिधि है

गाँव उजाड़ती बाढ़ ने मासूमियत से कह दिया
उसे सूखे खेतों पर तरस आ गया था

नालियाँ इठलाती हुई बहती हैं
ख़ुद को गंगा–जमुना की सहोदर बताती हैं

कुछ मगरमच्छ रो पड़े
लोगों ने समुद्र के पानी पर लांछन लगा दिया

कुछ बिल्लियों के भाग से छींका टूटा
अधिकतर मेहनत छोड़कर भाग्य बँचवाने निकल पड़े

हमारे समय में
श्रेष्ठ कलाओं की तरह श्रेष्ठ स्त्रियाँ इसलिए प्रचलन से बाहर हैं
क्योंकि उन्हें समय देकर आत्मसात् करना पड़ता है

हमारे समय में
कुछ शब्द हैं, जो हड़बड़ी में अर्थ छोड़कर वाक्य में चले आये हैं
कुछ परिभाषाएँ हैं, जो अपने शब्द छोड़कर दौड़ पड़ी हैं।

पुनः की सीख

शव को ढँकती स्मृतियों की चमड़ी एक दिन गल जायेगी
फिर कभी मन की सतह पर नहीं उभरेगा प्रेम का शव

कंकाल तल में पड़ा साँस खींचेगा
सतह पर जल में भँवर बनेंगे

मन की घुमावदार अँधेरी कन्दराओं में
दीपक लेकर उतरेगी एक छाया
उसे चाह कर तुम अपनी खुदी पा लोगे।

उससे कहना, इस जगह, इस प्रेम में
ऐसा कुछ नहीं है जो तुम नहीं जानते
बस, अपने जाने हुए को शुबहात से आज़ाद रखना

जब बहुत कुछ और दे सकते हो
किसी को दुख मत देना।

पाँत के नियम

मैंने मोहल्लों को देखा वे बेतरतीब घरों से अँटे पड़े थे
शहर अँटे पड़े थे अव्यवस्थित मुहल्लों से
क़ब्रगाह में मुर्दा शरीरों पर लगे
पत्थरों की तरतीबी पसरी हुई थी

मैंने देखा : ज़िन्दापन कभी ढाँचे में नहीं बँधता है
ज़िंदापन नहीं मानता कभी पाँत का कोई भी नियम।

तभी शायद कला के इतिहास में कविता का शिल्प
हमेशा बेतरतीब रहा है
नहीं बन पायी कविता की कोई ऐसी शैली
जिसे अन्तिम कहा जा सके।

किसिम–किसिम के काम

मुलायम उँगलियाँ मरम्मत का माहात्म्य नहीं जानतीं
वे आत्मा के ढाँचे से दुख की कीलें निकालना चाहती हैं

मासूम उँगलियाँ रंग लपेटकर रिश्तों के सुन्दर चित्र बनाती हैं
उन्हें नहीं मालूम कि आदमी कुछ अपर्याप्त रंग लेकर
दुनिया के अधूरे कैनवस को थोड़ा और अधूरा करने आया है।

दिलफेंक उँगलियाँ नदी में कंकर फेंकती हैं
नदी व्यंग्य से हँसकर तल में गिरे कंकरों को
फूलों की शक्ल में सतह तक उलीचती है

निर्दयी उँगलियाँ पतझड़ बनकर जंगलों से
हरेपन का जाल खींचती हैं, घने पेड़ों के वस्त्रहीन कंकाल
ठण्ढ में ठिठुरते लोगों को जलावन देते हैं।

कविता की असंख्य परिभाषाएँ हैं

तुम्हें चूमने से पहले अपनी नाक की नोक से मैं
तुम्हारी नाक की नोक दबाती हूँ
मुझे वह दबाव महसूस होता है
जो कविता का पहला शब्द लिखने से पहले
क़लम की नोक कागज़ पर डालती है
थोड़ी झिझकती–सी उत्सुक दाब

मैंने माँ के पैर गुनगुने पानी भरी तश्तरी में डुबोकर
बिवाइयाँ पुराने टूथब्रश से साफ़ कीं
उस पर पेट्रोलियम जेली लगायी
उसके चेहरे पर मुझे महसूस हुआ सुख
उष्ण और मुलायम
जो एक कविता पूरी कर लेने पर होता है

सर्दी की एक सुबह धूप में
पैरों पर बच्चे को निर्वसन लिटा कर
मैंने उस पर सरसों का तेल मला
अब वह थककर डायरी पर लेटी क़लम की तरह निश्चिन्त सो रहा है
कविता जैसा ही है उसका निर्दोष गुलाबी चेहरा
मुझे भरोसा है मेरे शब्द
उसकी निष्कलुष नींद के भीतर साँस ले रहे हैं।

■■